PIERRE LASSERRE

La

Morale de Nietzsche

NOUVELLE ÉDITION
AUGMENTÉE D'UNE PRÉFACE

PARIS
LIBRAIRIE GARNIER FRÈRES
6, RUE DES SAINTS-PÈRES, 6

Prix : 6 fr. 90

G. Cavaillier. — Paris. — 7-23

LA MORALE DE NIETZSCHE

PIERRE LASSERRE

La

Morale de Nietzsche

NOUVELLE ÉDITION
AUGMENTÉE D'UNE PRÉFACE

PARIS
LIBRAIRIE GARNIER FRÈRES
6, RUE DES SAINTS-PÈRES, 6

1923

NOUVELLE PRÉFACE

NOUVELLE PRÉFACE

Voici la réimpression d'un petit ouvrage paru
en 1903, composé en 1897, et qui fut, peu s'en
faut, mon début dans les lettres. Il était épuisé
depuis longtemps et, si nous nous décidons, mon
excellent éditeur et moi, à en donner une édition
nouvelle, c'est tout simplement parce que les
libraires n'avaient pas cessé de le demander. Le
motif de son exhumation n'est nullement fourni
par les circonstances présentes. On comprendra,
cependant, que je ne veuille point remettre dans
le commerce une œuvre de jeunesse qui touche
à de graves et passionnants problèmes, qui agite
beaucoup d'idées, sans quelques explications
préalables.

Ce petit livre est avant tout un exposé de
Nietzsche, mais c'est un exposé relevé de quelques
accents de sympathie intellectuelle qui ont une
apparence de recommandation. C'est, à la vérité,
un exposé fort tendancieux. Il n'est pas inexact

1

le moins du monde. Il ne fait pas dire autre chose à Nietzsche que ce que Nietzsche a dit réellement. Mais il laisse de côté toute une partie des idées nietzschéennes, celle qui m'intéressait le moins. Je n'ai pas donné le coup de pouce à mon auteur. J'ai seulement dégagé ce que je trouvais chez lui de bon. Une analyse plus complète ne contredira pas la mienne ; elle juxtaposera de nouveaux éléments à ceux que j'ai voulu mettre en lumière ; peut-être montrera-t-elle aussi que ce que j'ai pris dans la philosophie de Nietzsche en constitue bien le principal, qu'il en forme le centre d'inspiration et comme le cœur.

Voilà pourquoi, ce petit livre, bien qu'inspiré par un dessein particulier, garde à mon sens une valeur historique et critique.

Quel était ce dessein ? Et méritait-il assez d'être approuvé, pour que, dans la maturité de l'âge, je publie à nouveau ce qu'il m'inspira ?

***

La matière de cet ouvrage, écrit en 1898, avait été publiée en 1899 par l'*Action française*, qui venait de naître sous la forme d'une petite revue.

Elle avait été divisée en plusieurs articles qui portaient ce titre commun : *Nietzsche contre l'anarchisme*. Un écrivain, qui n'est plus de ce monde, s'y intéressa et me conseilla vivement d'en faire un volume. Comme j'étais sans crédit dans la librairie, il se chargeait des démarches. Je lui en fus et lui en demeure reconnaissant. Mais il gâta, dans une certaine mesure et sans mauvaise intention, le service qu'il me rendait en me persuadant de rejeter le titre que j'avais choisi et qui, à ce qu'il m'affirmait, ne réussirait pas et en me proposant celui qui a été adopté. J'ai découvert depuis que le mot d'*anarchisme*, étalé sur la couverture, le chiffonnait. Il avait eu, dans son temps, quelques faiblesses (purement littéraires) pour l'anarchisme. Il s'en était délivré, pour revenir, momentanément au moins, à des idées d'ordre ; il n'aimait pas que le nom de son vieux péché fût étalé avec trop d'éclat. Ma formule lui apparaissait comme une espèce de vignette criarde où l'on voyait l'anarchisme rossé par le puissant jouteur qu'est Nietzsche. Cela ne lui plaisait qu'à demi. Je n'ai d'ailleurs saisi ces nuances que plus tard. Dans ma naïveté, je pris ce conseil pour argent comptant. Je me disais que, dans un livre, c'est le contenu qui importe et non le titre. Je

ne me suis pas, depuis ce temps, rallié à l'opinion
contraire, bien que, sous une absurdité apparente,
celle-ci cache une espèce de sagesse. Du moins
ai-je reconnu qu'un titre qui forme contresens,
qui va jusqu'à dénaturer l'objet et le genre du
livre qu'il annonce, est chose fâcheuse. C'est, je
l'avoue, le cas du mien. Il ne m'est plus possible
d'en mettre un autre. Mais je prierai instamment
mes lecteurs de faire en pensée la rectification.
Je n'ai jamais pris Nietzsche pour un maître de
morale, bien que je le considère comme un mora-
liste de grande pénétration, un de ceux qui
peuvent le mieux nous aider à connaître et comprendre ses compatriotes. Ce sont deux caractères
fort différents. On peut être observateur aigu des
mœurs et des âmes et manquer de bon sens, de
sagesse et d'humanité dans la direction pratique
des hommes. La « morale de Nietzsche » ne me
dit rien qui vaille. Mais elle comprend tout
au moins un article excellent : son étude de
l'anarchisme. Je m'en tiens à *Nietzsche contre
l'anarchisme.*

*

L'idée d'anarchisme est une de ces idées trop étendues, trop compréhensives, qui se prêtent à des interprétations diverses et dont on ne saurait faire usage sans les définir et les limiter. On verra dans quel sens il convient à Nietzsche de la prendre et l'on renoncera à le quereller, comme à quereller son interprète, sur le mot lui-même. La question est de savoir si les choses désignées par ce mot sont expliquées clairement et avec vérité, si elles sont rapprochées les unes des autres, et soumises à la même définition en vertu de rapports et de ressemblances réelles, si l'analyse qui en est proposée est exacte.

Ce qu'on peut dire, d'une manière générale de l'anarchisme, c'est qu'il est la confiance en la nature sans règle. Tenir la règle pour mauvaise comme règle, en quelque ordre des choses humaines que ce soit, voilà l'esprit anarchique. La doctrine affichée par les romantiques, d'après laquelle les règles traditionnelles des arts ne seraient que des conventions bonnes à étouffer le génie et à comprimer l'individualité, mérite absolument ce rude qualificatif. Il convient à toute philosophie politique ou sociale qui, pour juger de la légitimité des institutions publiques, adopte, je ne dirai pas comme un des points de vue où il faut se placer,

mais comme point de vue suprême, le point de
vue des droits individuels. Une telle philosophie
présuppose une fausse notion de l'homme, car elle
méconnaît cette vérité évidente : que dans ce qui
fait la valeur intellectuelle et morale de l'individu,
lui-même n'est que pour une part ; l'héritage
national et religieux que le milieu et l'éducation
lui ont transmis y est pour une part non moins
essentielle. En faisant abstraction de cette dépendance profonde et vitale, on se flatte de grandir
l'individu, de relever la dignité de l'individu, de
le grandir, d'ouvrir à sa libre expansion un plus
vaste espace ; mais toute pratique politique ou
pédagogique inspirée de cette conception contre
nature ne tend et n'aboutit en réalité qu'à l'appau-
vrir, à le rapetisser, à le désorienter, à le désem-
parer. Là est la source de toute anarchie. Proclamée
au nom de l'individu, l'anarchie a sa dernière
conséquence dans la ruine de l'individualité et
l'abaissement du type humain. On n'est pas anarchiste parce qu'on s'attaque à une règle, à une
autorité, à une discipline, à une tradition particulière. On l'est quand on s'y attaque dans un
esprit de dédain, d'ironie ou d'amertume contre
tout ce qui est règle, autorité et discipline en
général.

Il s'est trouvé, à certaines époques peu éloignées de nous, d'éloquents sophistes pour prêter à l'anarchisme de réelles séductions. Ils n'y seraient point parvenus cependant s'ils n'avaient été servis par le manque de foi en elles-mêmes dont souffraient les autorités régnantes à ce moment-là. Un gouvernement qui gouverne sans que son droit de gouverner soit pour lui l'objet de la certitude la plus forte, des éducateurs qui éduquent sans avoir l'esprit vigoureusement fixé sur la meilleure orientation à imprimer aux sentiments de la jeunesse, sur les qualités constitutives du meilleur type d'homme à former, un professeur qui enseigne sans doctrine sur ce qu'il enseigne, un critique dont le goût est asservi à tout ce qu'il lit, tous ces dirigeants mal assurés de leur propre direction, ou incertains même s'il est nécessaire d'en avoir une quand on dirige, sont les premiers fauteurs de l'anarchie. Immédiatement après eux viennent les écrivains et les orateurs qui combattent l'anarchisme en plaidant pour l'autorité les circonstances atténuantes, en la représentant comme un pis-aller inglorieux, mais indispensable, pour lequel l'indulgence des têtes libres, des hommes à tempérament et des personnes d'esprit est humblement sollicitée. Ceux-là font à l'anarchisme la part très belle et, s'ils le répudient quant à eux, c'est d'une manière qui ne nous invite que trop à mettre cette abstention sur le compte d'une timidité dont ils ont le modeste sentiment. Je crois qu'on donne quelquefois à cette façon de défendre l'ordre, le nom de libéralisme. Mais c'est appliquer à une faiblesse un nom qui est trop beau pour ne pas mériter de désigner une force. Le véritable libéralisme, c'est la largeur, largeur des vues, largeur des sentiments, largeur de l'action. Et la largeur est le fait naturel de la grande intelligence. L'intelligence, loin d'être ennemie de la discipline, ne saurait avoir rien de plus cher, dans aucune genre, qu'une discipline réellement organisatrice et rayonnant d'assez haut pour envelopper sans violence l'action de toutes les forces spontanées qui relèvent d'elle.

L'esprit anarchique a tenu une grande place dans les mouvements d'idées français et européens du XIXe siècle. Mais on peut dire que, pendant cette période, il n'a le plus souvent été combattu que par les molles armes du prétendu libéralisme. Il est arrivé aussi qu'il le fût d'une manière plus énergique et témoignant d'une autre vigueur de pensée. Il y avait malheureusement de graves désavantages à solidariser, comme le faisaient les

théoriciens auxquels je songe, la cause de l'autorité
et de l'ordre en général avec des croyances, vraies
peut-être, vénérables assurément, mais qui se
voyaient abandonnées par un trop grand nombre
d'hommes modernes pour qu'on pût les faire
accepter comme fondement commun des disciplines diverses de la France. L'esprit moderne,
tout empreint de positivisme et d'observation (et
je prends ici le positivisme dans un sens où il
n'exclut pas les croyances religieuses) se rend
compte qu'il n'est pas nécessaire d'aller chercher
jusqu'au sein de la religion et de la métaphysique,
jusqu'au sein de Dieu, la raison d'être et la justification (pratique tout au moins) des règles les
plus propres à organiser la nature et la société, à
diriger l'activité intellectuelle. Un sain empirisme sur les données duquel tous les hommes de
bon sens pourraient s'accorder, suffit pour nous
les faire reconnaître.

C'est cette méthode qui a prévalu dans l'élite
des intelligences françaises à partir de la seconde
moitié du XIXe siècle. Le débordement de chimères
idéologiques qui précéda, provoqua et accompagna
le révolution de 1848, dégoûta des séductions de
l'anarchisme tout ce qui pensait. Sainte-Beuve,
Renan, Taine, enseignèrent le positivisme politique

et renouèrent avec éclat la tradition française de
la pensée claire et méthodique.

Mais ces grands esprits, dont l'influence domine
toute la période littéraire qui s'étend de 1850 à 1890
environ et dont nous avons encore (du premier
principalement) beaucoup à apprendre, étaient
surtout des naturalistes et des historiens. Ils
faisaient de la science comparée. Ils nous mon-
traient des échantillons historiques d'où ressor-
taient, par démonstration expérimentale, les conditions qui font la prospérité ou la décadence de
la civilisation, celles qui font la force ou la faiblesse
des Etats, la cohésion ou la décomposition des
sociétés, la floraison ou le dépérissement des lettres
et des arts. Ce qui leur manquait, c'était l'esprit
d'action, l'esprit d'initiative, je dirai presque
l'esprit de vie, la foi suffisante en l'immortelle
jeunesse de la patrie et de l'humanité.

Ce caractère est très sensible chez Flaubert. Il
parle comme si tout était fini.

Ces hommes se ressentaient du romantisme de
leur première jeunesse. Ils avaient donné leur cœur
aux chimères. Elles ne le leur avaient pas rendu
entièrement. Ils ne reconquirent que leur raison.
La connaissance des réalités n'eut pas chez eux
pour compagnes les énergies de la gaîté, de l'enthou-

siasme et de l'amour, sans lesquelles on ne remédie efficacement à aucun mal et en particulier au mal de l'anarchisme révolutionnaire qui, parfois, procède d'un amour égaré. C'est pourquoi on pourrait les appeler eux-mêmes, dans un sens particulier, et en ne donnant à ces mots que la portée d'une nuance, des « prophètes du passé ».

Beaucoup de jeunes gens d'aujourd'hui refusent leur confiance à cette grande génération de 1860, qui a donné en France la dernière en date de ses grandes écoles littéraires (car tout ce qui a paru depuis de plus important, dans l'ordre de la pensée, en relève). On supplie ces jeunes gens de distinguer. On convient que, dans cette génération de « physiologistes et d'anatomistes », comme l'appelait Sainte-Beuve, le feu de l'âme ne fut pas en proportion des lumières et de l'étendue de l'intelligence. Il y eut insuffisance, atonie, parfois même corruption du sentiment. Mais les grandes maladies sont toujours suivies d'une période de débilité ; l'élite française venait de passer par cette grande maladie du sentiment qui a pour nom le romantisme ; de là, une phase inévitable de débilité morale qui s'est prolongée jusqu'aux dernières années du xixe siècle. Au contraire, le réveil de l'intelligence fut complet, magnifique, et son œuvre admirable. Ce que nous

avons à faire, ce n'est pas de répudier cette
œuvre, mais de l'étudier, d'en retenir les leçons,
de la continuer, d'en reprendre le fil. La jeunesse
d'aujourd'hui a sur l'ensemble de ses aînés une
supériorité de santé morale qu'elle manifeste
héroïquement. Mais ceux-là la trompent de la
manière la plus irritante qui s'essaient à envelopper
la raison elle-même dans le discrédit justement
mérité par des vacillations de cœur, dont la raison
ne fut nullement responsable. On avertit instamment cette jeunesse que les plus généreuses impulsions de « la vie » ne sauraient suppléer au défaut
de pensée et de critique, et que le plus sûr moyen
de faire aboutir au néant les plus généreuses inspirations de son cœur, c'est d'entretenir et de
couver en elle, fût-ce sous le beau prétexte doc-
trinal d'anti-intellectualisme, la méfiance et la
peur de l'intelligence.

Ai-je fait une digression ? Un circuit tout au
plus. La critique positiviste des tendances anarchistes manquait de mouvement ; elle faisait de
la théorie plutôt que de l'offensive ; elle n'avait
pas cette gaieté, cette allégresse de l'esprit qu'il
faut, en France surtout, opposer à un ennemi qu'on
veut vaincre. La critique libérale donnait à
l'anarchisme le beau rôle, elle lui laissait le prestige

qui s'attache à l'audace et aux mouvements d'une vie débordante. Une critique nouvelle, et enfin bien inspirée, a trouvé sa voie hors de ces deux erreurs. Elle arbore le drapeau de l'ordre, parce que, pour elle, il ne porte pas des couleurs tristes, mais de vives et heureuses couleurs. Les règles, les disciplines, les institutions ne lui apparaissent pas comme des limites et des restrictions imposées du dehors à l'action et à l'essor des forces spontanées. Cette antinomie de nature admise entre les uns et les autres, ne lui semble pas vraie. Elle estime que l'ordre est inhérent à tout ce qui mérite le nom de force, que toute force digne de ce nom est déjà pénétrée et imprégnée d'ordre et que là où il n'y a pas présence et présence intime d'un ordre, il ne saurait y avoir que faiblesse et impuissance. Elle refuse d'opposer l'individu à la société, soit pour soumettre l'état social à la souveraineté du droit individuel, soit pour opprimer l'individu sous les exigences de l'état social. Il ne saurait être question des droits pour l'individu que s'il possède un minimum de valeur intellectuelle et morale ; la société, avec ses institutions et ses traditions, est considérée, au point de vue que je définis ici, comme la source même où l'individu puise les éléments indispensables de sa valeur.

C'est par une application du même principe, que
l'on ne consent pas à regarder dans les travaux de
l'esprit, l'inspiration et la règle comme deux forces
de sens contraires qui, de leur propre mouvement,
ne tendraient qu'à se diminuer l'une l'autre. Il
n'y a qu'une inspiration pleine et vigoureuse qui
puisse s'égaler aux exigences de la règle et elle
y parvient, non en comprimant son souffle, mais
en se donnant un souffle de plus. La règle exprime
et pose des conditions d'ampleur, de puissance,
d'harmonie. Elle ne gêne que l'artiste ou l'écrivain
faible, incapable de remplir la carrière qu'elle lui
trace. En définitive, la critique dont je parle a
arraché à l'anarchie les prestiges de beauté et de
vitalité dont elle se paraît faussement et qu'une
certaine badauderie intellectuelle lui accordait,
pour faire passer ces titres du côté de l'ordre. Elle
montre dans l'anarchie le fond de misère, de pau-
vreté ou, comme disent, les théologiens, de
déficience essentielle.

Voilà le point sur lequel elle a rencontré le
concours de Nietzsche. Psychologie, et pathologie
minutieusement fouillée des tendances anarchistes,
voilà ce qu'il nous propose, voilà le point où nous
paraît utile à entendre.

*_**

Prenne qui voudra connaissance de sa pensée !
Et que chacun la discute, selon ses propres opinions !
Mais il existe, à l'égard de Nietzsche, chez beaucoup de personnes, un état d'esprit violent et
aveugle qui ne va pas à moins qu'à réprouver et
condamner, sur le seul aspect de son nom, toute
idée prise chez lui, comme s'il y avait eu chez
cet homme un fond de perversité tel que tout ce
qu'il a conçu et écrit dût en être infecté. Je crois
discerner de cet état d'esprit deux raisons : l'une
tient aux attaques de Nietzsche contre le christianisme, l'autre (qui n'a, il est vrai, fait sentir ses
effets que depuis la guerre) tient à sa qualité
d'Allemand. Je m'expliquerai sur l'une et sur
l'autre.

Il est très vrai que Nietzsche a manifesté, à
l'égard du christianisme, l'animadversion la plus
vive et qu'il l'a attaqué avec violence. L'expression
de cette passion est parsemée dans plusieurs de
ses écrits. Elle est concentrée dans un petit livre
intitulé : l'*Antéchrist*, consacré à la personne du
fondateur du christianisme. L'auteur y représente

Jésus comme un malade et sa thèse a beaucoup
d'analogie avec celle que soutenait Jules Soury
dans un livre paru vers 1875, et qui n'éclipsa pas,
malgré le grand talent de l'écrivain, la *Vie de
Jésus*, de Renan. Il ne peut y avoir pour les chrétiens de plus scandaleuse injure ; on conçoit
leur zèle à la flétrir. Cependant, celui qui s'en est
rendu coupable peut avoir traité avec une sagesse
acceptable pour eux d'autres questions. Tout le
monde l'admet pour Voltaire ; certains l'admettent
pour Jules Soury. Pourquoi ne l'admettrait-on
pas pour Nietzsche ? Il a écrit des centaines de
pages de critique littéraire, par exemple, qui sont
d'ailleurs merveilleuses et, qu'à quelques nuances
près, des esprits animés de tendances religieuses
fort opposées aux siennes pourraient signer.

Ce qui achève de légitimer et de conseiller cette
séparation, dont le principe est indiscutable en
soi, c'est que la haine du christianisme tient certai-
nement chez Nietzsche à un côté maladif de
l'esprit.

En thèse générale, je ne crois pas que cette
passion de haine contre le christianisme soit la
marque d'un esprit tout à fait maître de lui-même.
Il me semble qu'elle implique une grosse part de
méprise sur la nature de l'objet haï et qu'elle le

voit, non tel qu'il est en lui-même, mais tel qu'il apparaît à travers un verre déformant. (Je parle d'un sentiment dirigé, non contre telle ou telle confession chrétienne, mais contre le fond commun du christianisme.)

Tout d'abord, si, pour le chrétien, le christianisme est la religion vraie, exclusivement vraie, le philosophe, qui ne lui attribue pas ce titre, est au moins obligé d'y reconnaître une forme particulière de ce fait humain universel qui s'appelle la religion. Et, comme nos modernes antichrétiens, qui ne sont ni bouddhistes, ni mahométans, ne s'en prennent pas au christianisme au nom d'une autre religion, c'est, qu'ils y songent ou non, contre la religion en général que se déclare leur inimitié. Voilà ce que je ne trouve pas très philosophique. Qu'un esprit dans son privé et pour la direction personnelle de ses sentiments et de sa vie, n'éprouve le besoin d'aucune religion, c'est une autre affaire, et je ne m'en occupe pas ici. Mais de là à s'irriter contre l'existence de la religion dans l'humanité, il y a un abîme qu'un homme en parfaite possession de son bon sens ne franchit pas. On ne montre pas le poing au Mont-Blanc. J'ai connu dans la personne de mon maître, Victor Brochard, un parfait païen.

2

Il tenait la morale des sages anciens pour supérieure à la morale chrétienne. Il y puisait les inspirations de son honnêteté, de sa fermeté et de son
courage, vertus qui furent grandes chez lui. Mais
jamais il ne montrait contre le christianisme d'intentions destructives, ni même d'animosité. Il se fût
fait l'effet d'un déclamateur.

Si Brochard eût vécu au temps de Celse ou
de Lucien, son sentiment et son attitude eussent
sans doute été autres. Il se fût posé en adversaire de la religion nouvelle. Il eût essayé
d'en empêcher l'établissement. Mais alors le sort
du christianisme n'était pas décidé, il se jouait.
De la part d'un homme qui en considérait les
principes comme moins favorables à l'humanité
que ceux de la vieille religion gréco-romaine, il
était raisonnable de se livrer contre elle à la
polémique. La question se présente aujourd'hui
d'une toute autre manière. Il y a dix-neuf siècles
ou, si l'on veut, seize siècles (en comptant à partir
du moment où le pouvoir impérial l'adopta) que
le christianisme règne dans le monde occidental.
Cette longue durée constitue une expérience dont
il serait bien difficile de soutenir que les résultats
soient à son désavantage. L'évocation de ce qui se
serait passé si.. ne constitue pas un argument

sérieux. On peut user de ces raisonnements hypo-
thétiques à l'égard d'un fait local, dont les conséquences se limitent à un petit canton du monde.
Mais l'application qu'on en voudrait faire à un
mouvement historique d'une telle étendue et qui
a eu un tel succès ne serait qu'un amusement
de l'esprit. Le christianisme n'est responsable
ni de la dissolution de l'empire romain ni de la
période de barbarie européenne qui a suivi cet
événement. Il a, bien au contraire, pendant cette
triste période, pris, autant qu'il était possible, la
suite de l'Empire romain comme mainteneur de
la civilisation. Peut-on dire qu'à partir de la
Renaissance, lorsqu'il n'a plus eu lieu d'exercer
dans l'ordre profane ce rôle de tutelle universelle,
il ait gêné l'humanité dans son développement,
diminué par son influence l'essor des lettres, des
arts, des sciences, des institutions publiques ? Il
faudrait, pour pouvoir le soutenir, admettre que
l'œuvre de l'humanité moderne, dans tous ces
domaines, demeure au-dessous de celle que nous
ont laissée les anciens. C'est le contraire qui est
manifestement le vrai. Nous n'avons sur les anciens
aucune supériorité de nature ; mais nous avons
cette supériorité de fait qu'ils sont les anciens et
que nous sommes les modernes. L'exemple même

de leurs créations et la magnificence des inépui-
sables leçons qu'elles contiennent, comme aussi
les leçons de leurs erreurs, nous ont permis de
faire plus qu'eux. La politique des Romains est
un chef-d'œuvre qui ne sera pas dépassé, mais qui
a été plusieurs fois égalé. Et si les divines qualités
de simplicité et de naturel de l'art grec n'ont jamais
été atteintes, le moins qu'on puisse dire, c'est
qu'elles ont été plusieurs fois approchées de bien
près en Italie, en France et en Espagne. En
revanche, combien le domaine d'expression embrassé
par nos arts est plus étendu, plus varié, plus
nuancé. Nous avons plus vécu, plus senti, plus
connu que les Grecs. Pour la philosophie et les
sciences, la comparaison n'est pas possible ; c'est
le propre domaine du progrès.

On pourra alléguer que la gloire de ces splendides
travaux ne revient pas au christianisme, puisqu'ils
sont la continuation, et à plusieurs égards, l'imita-
tion de travaux commencés et déjà poussés à un
point merveilleux avant sa venue. Il suffit qu'il
les ait accompagnés, que son règne ait été contém-
porain de leur accomplissement pour que la thèse
qui consiste à le rendre coupable de je ne sais quel
préjudice porté à la nature humaine se révèle
inconsistante.

Voici, je crois, comment cette illusion se forme dans un esprit. Les idées chrétiennes, comme toutes les idées religieuses ou morales imaginables d'ailleurs, prêtent à des interprétations, à des applications qui portent des marques de difformité, de laideur, de disgrâce, de désordre, et contre lesquelles le bon sens, la saine nature protestent. Mais il n'est pas besoin de posséder la théologie et le dogme pour savoir que ces manières de comprendre et de mettre en pratique le christianisme ne peuvent compter que comme des déviations, des abus, des excentricités. Si elles avaient répondu aux exigences réelles de la doctrine, si elles avaient été dans le sens du grand courant, jamais le christianisme ne fût parvenu à s'entendre avec l'Empire, non plus qu'avec aucun gouvernement civil, jamais il n'eût pu coexister avec la civilisation ; il y a longtemps qu'il eût péri comme tant d'autres sectes éphémères qui portaient à leur base quelque injure au sens commun. Il a pu advenir que des aberrations, qui se paraient du nom du christianisme, s'établissent et prévalussent un instant dans certains milieux chrétiens ; mais jamais, nulle part, les autorités religieuses n'ont failli à les désavouer, à les condamner. Un non-chrétien pourra, étendant la portée de cette obser-

vation et l'appliquant aux origines mêmes du
christianisme, soutenir que les doctrines de l'Evangile et de saint Paul ont dû relâcher beaucoup de
leur rigueur, consentir à bien des diminutions et des
compromis pour se rendre acceptables à la société
romaine et au pouvoir impérial. Cette thèse même
(que je repousse d'ailleurs) prouverait que l'hostilité
contre le christianisme manque de base. En se ren-
dant acceptable, la religion de l'Evangile s'est rendue
viable, et ce compromis, ce *medius terminus*, c'est
le christianisme, tel qu'il a été, tel qu'il a duré, tel
qu'il a vécu et agi dans les sociétés humaines. Or,
quand on parle ou écrit pour ou contre le christianisme, la chose n'est intéressante et sérieuse que
s'il s'agit de ce christianisme là, du christianisme
tel qu'il a été dans l'histoire et non tel que le cons-
truit et le déduit, d'après des documents littéraires lointains, à tous égards, l'esprit raffiné,
l'imagination morale subtile d'un homme de lettres.

La même distinction s'impose à l'égard d'autres
malentendus. Les personnes qui pratiquent le
christianisme avec dévotion ne sont pas plus
exemptes que les autres des petitesses et des
disgrâces morales de la nature. La mesquinerie
d'esprit, le manque de générosité dans les sentiments, la niaiserie et la parcimonie peuvent être

leur fait. Qu'un homme très sensible à ces inélégances ait passé sa jeunesse, l'âge des impressions vives, dans un milieu dévot qui en était marqué, et qu'il se soit ensuite affranchi de la foi religieuse, il tombera facilement dans l'erreur d'imputer à la dévotion ce qui était le fait des dévots eux-mêmes et ce qui eût très probablement, sans leur dévotion, atteint un degré plus désolant encore. Si pourtant la violence de ce premier dégoût ne lui a pas ôté la faculté d'observer, il s'apercevra que les mêmes misères sévissent, avec de légères différences de nuances, mais qui ne leur donnent rien de plus sympathique, dans les milieux où règnent les idées d'émancipation religieuse ; il lui arrivera de rencontrer la plus sincère piété chrétienne associée à une nature d'homme parfaitement vivante, ouverte, abondante et libérale. Il dira peut-être qu'elle doit ces qualités à ce qui subsiste en elle de la sagesse et de la civilisation antique. Mais, par cette interprétation même, il admettra que le christianisme fait très bon ménage avec la sagesse et la civilisation des païens.

Pas plus qu'il n'est responsable de la tristesse de certaines personnes chrétiennes, pas plus le christianisme ne l'est de la tristesse de certaines époques chrétiennes. En de telles époques, il paraît

lui-même revêtu des sombres aspects du milieu
humain où il évolue, mais ce n'est pas lui qui les
y apporte. Le xixe siècle aura été, au regard des
artistes, un siècle trouble et désolé. Le bouleversement des anciennes classes sociales, l'augmen-
tation énorme des populations, le développement
des grandes villes, la formation d'immenses agglo-
mérations ouvrières, la multiplication des moyens
du bien-être matériel allant de pair avec la dureté
croissante de la vie, toutes ces causes conjointes
ont forcé les sociétés modernes à s'absorber dans
des soins utilitaires, des « soins de ménage », comme
disait Renan, et y ont beaucoup affaibli la pré-
occupation des lettres et des beaux-arts. Les
institutions, et plus encore l'esprit démocratique,
ont ruiné et rendu impossible le régime de protection dont jouissaient autrefois les hommes qu'une
vocation réelle destinait à l'étude spéculative ou
à la création du beau, régime dont les bienfaits
leur étaient absolument nécessaires, s'il est vrai
qu'il faille renoncer à la recherche de la perfection,
seule raison d'être des travaux de l'esprit, quand
on est obligé de demander à ces travaux un gain
d'argent, les applaudissements de la multitude ou
la faveur de l'Etat.

De telles conditions n'ont pas suffi pour tuer

les arts. Du moins ne pouvaient-elles produire qu'un art tourmenté et plein de tares ne remplissant pas la vraie et bienfaisante fonction de l'art, qui est de mettre de la beauté et de la douceur dans la vie.

Les grands écrivains qui, en France et ailleurs, se sont faits les interprètes de la plainte générale dont je résume ici le sujet, un Stendhal, un Renan, un Flaubert, un Baudelaire, un Ruskin, un Nietzsche (sans oublier Richard Wagner, malgré ce qu'il a de confus dans les idées), un Musset à ses heures, ont, je crois, exagéré la laideur du monde moderne, qui, pris dans sa masse, n'était pas plus laid que ses aînés, s'il l'était d'une manière différente. Mais ce qu'ils ont bien vu, c'est l'absence, au centre ou au-dessus de ce monde, lourd et dispersé en tous sens, d'un foyer lumineux, d'un asile de l'esprit et du goût, d'un lieu où la contemplation et le génie puissent accomplir en sécurité leur œuvre pour le bien de tous et le rayonnement de toutes choses. Les âmes délicates qui ne sauraient vivre que de pensée et de fantaisie, se sont senties comme des exilées dans cet âge de plomb. De là, une tristesse maladive qui s'est si souvent ajoutée chez elles à la tristesse raisonnée, m⸴ ↄ supportable, que la condition humaine considérée en elle-même peut, en tous temps, inspirer à la réflexion. De là, la nuance sombre, languissante, désolée, qu'a pris chez elles le sentiment religieux chrétien, qui n'est normalement appelé qu'à consoler l'homme des insuffisances générales de la vie terrestre, mais qui se mêlait ici au sentiment aigu et plus immédiat des maux particuliers à un siècle et à une certaine phase de l'état social.

La maladie moderne a communiqué sa couleur au christianisme moderne. Le besoin chrétien est apparu lié à une oppression intérieure, à une déficience de la santé morale naturelle. Il est apparu solidaire des états romantiques de la sensibilité. Mais, pour tirer de ces apparences un jugement général sur la nature du christianisme et en conclure qu'il porte en soi quelque chose de morbide, il a fallu généraliser de la manière la plus illégitime des caractères tout accidentels ; il a fallu oublier qu'il avait été la religion puissante et non discutée d'époques dont les hommes supérieurs, et, comme on dit, « représentatifs », se distinguèrent par tous les signes d'une santé vigoureuse et d'un esprit fleurissant.

Imaginons toutes ces causes de confusion agissant sur un esprit particulièrement disposé et placé pour y céder. Imaginons une jeune nature d'élite, douée à la fois d'une magnifique intelligence et d'une sensibilité morale extraordinaire, anormale ; elle a reçu avec une culture très étendue, une éducation religieuse intensive, ou dont l'action du moins a été rendue perturbatrice par le manque de mesure de la sensibilité qui l'a reçue. Nous n'avons pas affaire à un être tout à fait sain ; il y a du déséquilibre, des éléments ruineux dans cette personnalité ; elle porte le poids d'une de ces hérédités un peu onéreuses qui apparaissent souvent liées (nous ne dirons pas du tout : nécessairement) à l'extrême finesse des organes intellectuels, au génie de l'imagination. Les souffrances qui naissent de là sont accrues par les milieux où elle vit et qui sont le plus faits pour offenser et insulter sa délicatesse maladive. Quelle va être, lorsqu'elle se sera émancipée des soumissions de la première jeunesse, sa disposition à l'égard des idées chrétiennes, des sentiments chrétiens, de ces idées et de ces sentiments qu'elle a pris dans un sens d'idéalisme outré dont le raffinement équivaut à un véritable fanatisme! Sûrement sa disposition ne sera pas le calme et la sérénité. Ou bien, elle persistera dans sa direction religieuse et s'y jettera à corps et âme perdus, ou bien elle s'en écartera, mais avec violence et en se révoltant contre les

objets religieux de son premier idéalisme, elle les
rendra responsables des inquiétudes et des exagé-
rations qui la tourmentent ; elle les accusera de
lui en avoir inoculé le germe empoisonné. Elle
imaginera le « virus chrétien ». Et, dans ses théories,
elle abusera des facilités spécieuses qu'offrent
l'histoire et la psychologie et que nous avons
essayé d'indiquer, à qui prétend définir le christianisme par les excès moraux qui se sont produits
sous son nom, par les misères morales qui ont
projeté sur lui leurs reflets. Mais cette interprétation anti-chrétienne devra se comprendre au
fond comme un fanatisme chrétien retourné.
Voilà, me semble-t-il, l'histoire de Nietzsche. Je
dois répéter que, dans le tissu de sa pensée et de
ses doctrines, si l'anti-christianisme fait une tache
éclatante, il n'occupe cependant qu'une place
limitée.

Un autre point de ces théories, qui ne me paraît
pas impliquer comme celui-ci une erreur de fond,
mais qui reçoit de la brutalité tendancieuse et je
dirai presque de la fureur du vocabulaire, une
apparence de violence injurieuse et repoussante,
c'est sa fameuse distinction entre « la morale des
maîtres » et « la morale des esclaves ». Une étude
attentive de la pensée de Nietzsche, dégagée de

ses formes truculentes et de ses bravades, montre
qu'il s'agit ici moins de la distinction de deux catégories sociales d'hommes que de deux catégories
de tendances qui peuvent se rencontrer chez tous
les hommes. Les maîtres, ce sont les natures
aristocratiques et fières, dépourvues de grossièreté
et surtout de vanité. Quand il leur arrive de
commander, ils le font avec une dignité naturelle,
avec le respect des personnes auxquelles ils donnent
nettement des ordres. Et s'ils savent commander,
c'est qu'ils savent obéir. Les esclaves ne savent
ni l'un ni l'autre. Toute obéissance, toute subordination les humilie. Ils veulent toujours avoir
raison. Ils commandent volontiers, quand ils ont
du tempérament et de l'audace. Mais ils ne le
savent faire qu'à la matraque et sont incapables
de faire accepter leur autorité (c'est pourtant le
grand signe de l'autorité) à un homme de caractère.
L'erreur et le trait comique de Nietzsche, c'est de
se mettre en colère parce qu'il voit que le commandement n'est presque jamais reconnu à ceux qui
le mériteraient. Aussi leur compose-t-il en imagination une vengeance effroyable, en faisant d'eux
un petit bataillon de chefs impitoyables armés des
engins les plus terribles avec lesquels ils font
marcher le troupeau humain. Cette invention lui

a valu un renom détestable et, à coup sûr, elle
n'honore pas son bon sens. On a perdu de vue la
psychologie morale dont ces images, ces rêveries,
évoquant de nouveaux Attilas intellectuels et
raffinés, ne sont que l'expression plus qu'hyper-
bolique. On a cru qu'il préconisait une morale de
brigands et de tape-dur. Je ne doute pas que plus
d'un Allemand, pendant la guerre, n'ait fusillé
d'innocents civils en l'honneur de *Zarathustra*.
Mais vraiment il commettait un contresens dont
il faut innocenter le cœur de ce *privat-docent*, délicat
et surexcité, non pas certes sa raison.

.*.

Il me reste à m'expliquer sur la qualité d'Allemand de Nietzsche et sur le grief qui en est tiré
contre ceux qui font profession d'admirer chez
lui, nonobstant ses tares, un des génies de son
siècle.

Je suis, quant à la question de tendance, tout
à fait tranquille. Et je crois que nul écrivain contem-
porain n'aurait lieu de l'être davantage. J'ai
toujours combattu l'influence intellectuelle de

l'Allemagne. Je l'ai combattue de toute l'énergie de mon intelligence. Les personnes qui ont lu le *Romantisme français*, la *Doctrine officielle de l'Université*, le *Germanisme et l'esprit humain*, mes articles, ma réponse à l'Enquête de M. Morland sur l'influence allemande, publiée en 1903, peuvent témoigner que cette lutte a été un des objets les plus suivis de mon activité littéraire depuis vingt ans. Il se peut, qu'en fait, je n'aie, pour ma part, que bien médiocrement réussi à dissiper aux yeux de mes compatriotes le vieux mirage d'une Allemagne éprise de contemplation intellectuelle « désintéressée » et à les convaincre du pragmatisme sommaire qui, de Kant à Fichte, forme la commune inspiration des plus fameuses doctrines germaniques. Ce que je sais, c'est que je n'ai pas attendu août 1914 pour y découvrir ce caractère et que je parlais de ce que je savais, ayant passé jadis beaucoup de temps à approfondir ces grimoires, d'ailleurs animés d'une force qui, pour n'être qu'en partie celle de l'esprit, n'en est pas moins redoutable.

Mais justement, parce que j'ai là-dessus quelques études, je ne crois pas qu'il suffise d'accumuler sur la tête de ces philosophes les épithètes injurieuses et les invectives pour délivrer la pensée

française et la pensée européenne de la servitude
qu'ils ont réussi à leur imposer depuis un siècle.
Il faut les connaître et les critiquer sérieusement,
et c'est ce qu'on ne peut faire sans une grande et
honnête application de l'intelligence, c'est-à-dire
sans des dispositions préalables de sérénité et
d'impartialité à leur égard. Il faut être prêt à
leur rendre justice, à reconnaître la part de
services qu'ils ont pu rendre à l'esprit humain à
côté du tort qu'ils lui ont fait. A ce prix, les
conclusions où l'on arrivera (j'ai indiqué quelles
sont les miennes) pourront n'être pas dépourvues
d'autorité.

La question n'est pas simple. Si la pensée alle
mande (je parle de la pensée spécifiquement allemande, de Kant, de Fichte, de Shelling, de Hegel
et de son école) peut être jugée indigne de jouer
dans la direction de la pensée humaine, le rôle
qui, en d'autres temps, a appartenu à la philosophie d'Aristote, à la philosophie cartésienne, à
l'empirisme des Anglais, ce n'en est pas moins un
fait, un gros fait, un fait énorme et puissant que
les choses se sont passées depuis cent ans comme
si elle le méritait. Si elle a séduit chez nous beaucoup de têtes troubles et faibles, elle a exercé
sur un Renan, c'est-à-dire sur une des plus vastes

intelligences du xix⁰ siècle, un haut prestige qui a sans doute particulièrement saisi sa jeunesse, mais dont son âge mûr ne s'était pas affranchi. Il faut qu'il y ait eu des raisons à cela. Il faut que Renan ait été frappé de difficultés dont les philosophies classiques ne lui semblaient pas apporter la solution et qu'il ait cru trouver dans les philosophies allemandes, tout au moins la méthode et le rudiment de cette solution. Nous devons chercher s'il s'est trompé, et, par conséquent, nous placer en face de ces difficultés elles-mêmes. S'il y a lieu (et ma conviction est qu'il y a lieu) de faire le procès des systèmes allemands, c'est par cette procédure qu'il faut passer. Elle demande essentiellement la tranquillité de l'esprit et doit pouvoir être poursuivie à l'abri des impatiences de la noble passion nationale.

Telle est la raison générale que l'on pourrait invoquer en faveur d'une critique reposée et impartiale de Nietzsche. En fait, elle ne s'applique pas à lui. Mais il m'a paru y avoir un intérêt général à la donner, pour qu'on ne confondît pas avec de la germanophilie ce qui est simplement du sérieux. C'est une critique sérieuse de l'Allemagne (critique impliquant, hélas! l'aveu d'un certain nombre de sottises et de faiblesses à notre charge) qui peut seule détruire chez nous la détestable germanophilie intellectuelle.

Le cas de Nietzsche est différent. Et loin que le patriotisme français dût le maudire, il y aurait tout lieu, au contraire, de faire une place à part à l'Allemand qui a professé le goût le plus passionné pour l'esprit, la civilisation, la littérature et les mœurs de la France. Nietzsche a été bien plus loin que Gœthe, dans son estime pour la culture classique et française. Il l'a défendue avec éclat, avec une verve et une pénétration admirable, contre les prétentions de la fausse culture de l'Allemagne. Il nous a, dans l'ordre des lettres et des arts, restitué nos titres, oubliés, méconnus, incompris par tant d'entre nous. Il était merveilleusement familier avec notre littérature et il y trouvait la véritable famille de son esprit. Je pourrais citer en exemple bien des œuvres françaises récentes, œuvres d'excellents Français d'ailleurs qui, comparativement aux œuvres de Nietzsche, sont d'un goût tout boche et des centaines de pages de Nietzsche d'une finesse et d'une acuité toute française. Il suffit de feuilleter ses livres pour s'en convaincre.

Que cet ensemble de pages rayonnantes voisine avec des violences et des truculences, des frénésies mêmes qui ne peuvent plaire qu'à des barbares, ou être reçues avec gravité que par des naïfs, je serai le premier à en convenir. Mais ce que j'ai essayé de faire comprendre au sujet de l'anti-christianisme de Nietzsche s'appliquerait d'une manière générale à ces aspects rebutants de sa personnalité, à ces impulsions d'un démon dont il n'était pas le maître. Je n'ai pas le moindre goût pour les fureurs et les visions apocalyptiques de *Zarathoustra*, bien que, dans cet ouvrage même, les folies d'une forme effarante enveloppent parfois bien des grains de sagesse et, comme il disait, de « gai-savoir ».

Au surplus, il ne s'agit aucunement de présenter Nietzsche comme un Allemand renégat à sa patrie, comme un allié spirituel de la cause que nous avons défendue par les armes. Rien ne serait plus puéril, et là n'est point la question. Jean Moréas faisait ses délices de Nietzsche et lui empruntait souvent l'expression de ses pensées propres qui ne se distinguaient, je suppose, ni par le trouble ni par le désordre, ni par la brutalité. Moréas s'y connaissait. Il trouvait en Nietzsche un bon auteur, un maître, souvent agité et convulsif, mais supérieurement clairvoyant et ardent, de l'humanisme. Il ne s'agit pas d'autre chose. Que l'Alle-

magne fasse de son Nietzsche ce qu'elle
voudra !

Je n'aurai garde pourtant de suivre un critique
de haute valeur, M. Julien Benda, quand il pose
Nietzsche en fauteur moral, en approbateur anti-
cipé des bestialités commises, sous prétexte de
guerre, par les armées impériales. Du moins, faut-il
distinguer. M. Benda s'autorise de certaines
maximes et démonstrations féroces contre la pitié
que l'on trouve en effet chez Nietzsche. Et je
concède pleinement que mainte brute allemande,
compliquée de pédantisme, a pu s'emparer de ces
thèmes comme d'une légitimation savante et d'un
excitant intellectuel de son inhumanité. Mais
Nietzsche, dans ces détestables pages, n'a réellement pas eu en vue l'action. Ce sont, de sa part,
gageures littéraires, violences de cabinet, réactions
rageuses et folles d'un être fébrile, mais droit,
contre les hypocrisies épaisses du faux sentimen-
talisme qui l'entoure et dont il connaît les dessous.
N'admît-on pas cette interprétation, il serait
impossible (car les textes sont là), de ne pas reconnaître en Nietzsche le peintre et le satiriste le
plus terrible de la « moralité » allemande. Ces
consciences honnêtes, qui ne perçoivent que très
obscurément la différence de l'honnêteté avec

l'hypocrisie, ces consciences « idéalistes » chez qui
les aspirations de l'idéalisme se mêlent si indiscer-
nablement aux appétits d'un sensualisme grossier,
que ceci et cela a tout l'air chez elles de ne faire
qu'un, c'est Nietzsche qui en a dressé, avec tout
le feu de sa verve et l'acuité chirurgicale de son
coup d'œil, l'image la plus irrécusable et la plus
accusatrice qui soit.

Le nom de « l'Allemand d'exception » qu'il
donnait à Gœthe, on pourrait plus justement, à
beaucoup d'égards, le lui décerner à lui-même.

Paris, janvier 1917.

AVERTISSEMENT

(1902)

*Publié, il y a près de trois ans dans un
recueil périodique, mais composé il y en a plus
de cinq, c'est-à-dire avant que Nietzsche ne fût
encore lisible en français, ce travail nous avait
paru perdre toute utilité à la suite de la belle
et complète traduction du grand psychologue
donnée par M. Henri Albert et ses collaborateurs.*

*Nous avions voulu initier ou plutôt « amorcer »
aux idées de Nietzsche quelques jeunes esprits
particulièrement capables d'en tirer profit
comme il venait de nous arriver à nous-même,
et d'en recevoir non un joug, mais une stimu-
lation dans leur développement.*

*Ayant eu cependant l'occasion de connaître
quelques-uns des plus notables exposés de
Nietzsche donnés dans nos revues depuis cette
époque, nous avons dû cesser de croire toute
lumière faite sur des conceptions qui deman-
deraient, pour être bien comprises et justement
appliquées, plus de perspicacité psychologique
que d'érudition philosophique.*

*Le petit nombre de personnes qui avait eu
l'indulgence de s'intéresser à cette étude, lors
de sa première apparition, est averti que nous
l'avons amendée et complétée autant qu'il était
possible sans en altérer le premier accent.
Travail délicat! Car nous n'avions pas laissé
passer pour parler de Nietzsche l'heure où nous
subissions de sa part un tout nouvel et assez
vif entraînement. Nietzsche nous a surtout aidé
ainsi que maint autre de notre génération à
rentrer en jouissance de certaines vérités naturelles. Mais comme ces vérités sont beaucoup
plus vieilles que lui, on en arrive à oublier
la fièvre qui accompagna cette récupération.
Ce qu'on ne doit pas oublier, c'est qu'elle peut
être communiquée avec fruit à des intelligences
bien nées, mais profondément contaminées par
les sophismes sur lesquels la critique de
Nietzsche exerce l'action la plus corrosive.*

*Le nietzschéisme est moins une doctrine en
effet qu'une crise, mais une crise salutaire. Il
y a chez Nietzsche un contraste entre le fond
des idées, classique, positif, traditionnel, et le
ton, dont l'ardeur va souvent jusqu'au sar-*

*casme. Un conservateur qui parle comme un
révolté, un attique, un Français par le goût,
avec des brutalités et de rudes moqueries
d'Allemand : physionomie assez nouvelle dans
l'histoire et dont le secret gît peut-être en
ceci, que Nietzsche, parvenu à la sagesse, en a
moins joui qu'il n'a été irrité par l'erreur.
Quand une âme délicate découvre dans un
idéal auquel elle s'était laissé séduire par ses
penchants les plus nobles, sophitisque et char-
latanisme, elle s'offense et certes sa colère est
justifiée. Mais il n'est pas bon que cette colère
dure trop. Car elle porte moins contre le faux
lui-même que contre la naïveté et aussi l'orgueil
qui nous en rendirent dupe. C'est là une aventure
personnelle dont il ne faudrait pas, à moins
d'avoir le génie d'écrivain de l'auteur de
Zarathoustra, occuper trop longtemps le monde.
Tandis que nous errions dans d'obscures
cavernes, le soleil ne s'était pas arrêté de luire.
Au reste, le caractère de Nietzsche n'est nullement l'objet de cet écrit.*

    *Quoi qu'il ait pu y passer du ton nietzschéen,
qu'on veuille bien y voir surtout un essai de*

*systématisation. On n'y trouvera pas le détail
des théories de Nietzsche, mais seulement ses
vues génératrices, les observations initiales d'où
est parti et où revient toujours l'ardent mouvement de sa critique. Nous avions projeté, pour
ce travail, le titre suivant :* Nietzsche contre
l'anarchisme, *et il pourrait le porter très
justement. Toutes les conceptions de Nietzsche
se subordonnent à sa critique de l'anarchie,
anarchie tant dans les mœurs et les sentiments
de l'homme que dans l'institution sociale.
L'auteur de la plus profonde et véridique étude
donnée en France sur notre auteur ne l'inti-
tule-t-il pas :* le sens de la hiérarchie chez
Nietzsche (1), *reconnaissant comme nous dans
ce problème d'organisation de l'autorité et de
la règle le centre de ses préoccupations ? Cette
rencontre avec un esprit éminent, sans nous
empêcher de voir les défauts de notre ouvrage,
est faite pour nous rassurer sur la justesse de
notre interprétation.*

   Avril 1902.   **P. L.**

(1) M. *Jules de Gaultier, dans la* Revue hebdomadaire,
23 mars 1901.

LA MORALE DE NIETZSCHE

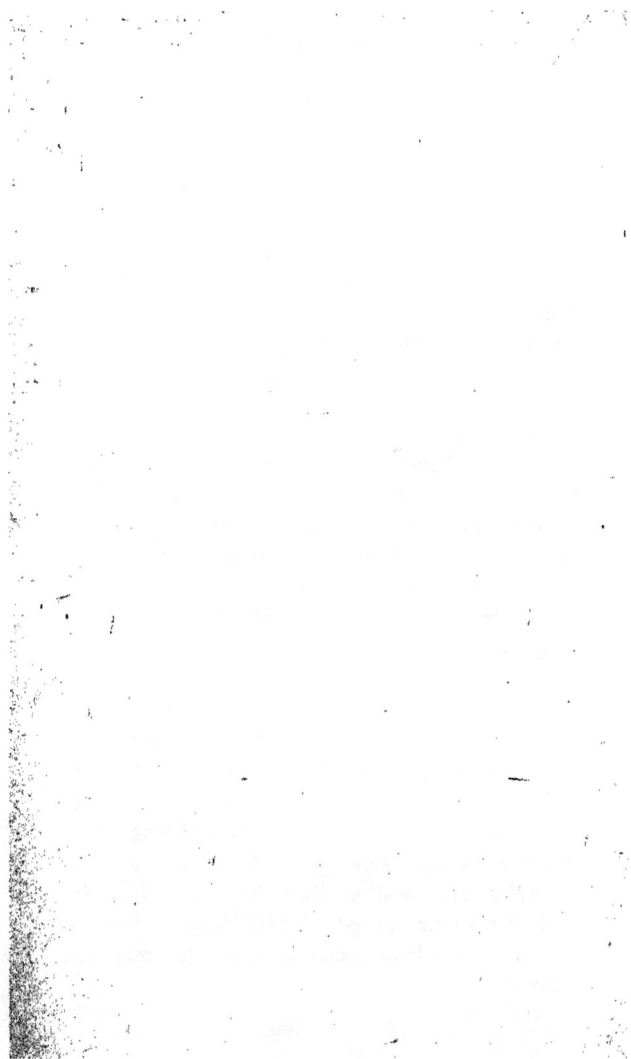

Il y a quelques années, lorsque le nom de
Nietzsche fut devenu trop célèbre pour que des
écrivains qui, comme M. de Wyzewa ou feu
Valbert, apportent aux lecteurs de nos grandes
revues les nouvelles philosophiques de l'étranger,
gardassent plus longtemps le droit de s'en taire,
on vit une singulière aventure. Je devrais plutôt
dire qu'elle arriva, mais qu'on ne la vit point.
L'auteur du *Zarathustra* fut présenté à la France
comme le type le plus radical d'anarchiste, de
nihiliste, de démolisseur universel, que l'idéologie
allemande eût jamais enfanté. Réputation fâcheuse,
bien propre à faire exclure Nietzsche, sans plus
d'examen, du nombre des esprits supérieurs. Car
qu'y a-t-il, à la fin du xixe siècle, de plus rebattu
que l'anarchisme, de plus simplet, de plus à la
portée de tout le monde que le nihilisme, de plus
inoffensif enfin que les « audaces » d'un idéologue
germanique ? Ces renseignements suffirent pour
détourner de Nietzsche l'attention des personnes
pondérées. La question était donc entendue. Et
les informateurs un peu hâtifs dont je parlais
avaient réglé leur compte avec le météore
nouveau.

Celui-ci, heureusement, a reparu. La traduction des œuvres de Nietzsche publiée par la Société
du *Mercure de France* et qui honore tant son auteur
principal et initiateur, M. Henri Albert, est maintenant presque complète. Elle a au moins dissipé
ces méprises grossières. Non seulement Nietzsche
n'est pas anarchiste ; mais il serait à peu près
aussi juste de lui appliquer cette épithète ou
toute autre exprimant un état d'esprit enfantin
et sauvage, que d'appeler Joseph de Maistre un
jacobin, ou Michelet jésuite. Il est curieux qu'on
lui ait prêté ce qu'il exècre le plus.

Il existe une erreur, erreur méchante, louche,
souterraine, destructrice secrète de tout ordre et
de toute beauté, ver rongeur des plus nobles
œuvres humaines, que Nietzsche hait en effet
de toute la vivacité de son goût pour la face
brillante du monde civilisé. Il serait bien près
de l'appeler l'Erreur, la Négation, la Malfaisance
en soi. Et c'est à peu près en ces termes — on
s'en souvient — que Méphistophélès se définit
lui-même dans le *Faust* de Gœthe. Mais le fléau
profond et subtil auquel en a Nietzsche n'est
rien moins, certes, que méphistophélique. Le
cynisme cavalier est tout ce qu'il y a de plus
opposé à ses allures. Il faudrait plutôt l'imaginer

comme un gigantesque Tartufe qui aurait pris
l'air de toutes les sectes de religion et de morale,
depuis le Bouddha, jusqu'à nos jours, et qui nous
représenterait, fondues ensemble, toutes les nuances
d'hypocrisie, d'humilité, de « spiritualité », de
« renoncement », d'absorption en Dieu ou en
l'idéal, savamment inventées et exhibées au cours
des siècles par une sainte rancune, par de sombres
desseins de vengeance contre la Terre et la Vie. (¹)
Comment le désigner ce mal, dont l'action tout
intellectuelle — mais par là même cent fois plus
redoutable que la torche d'Attila ou la bombe
de Ravachol (incendiaires, non empoisonneurs)
— détruisit dans le monde antique et achève
présentement de dissoudre dans l'Europe moderne
les plus précieux éléments et jusqu'à l'idée même
de civilisation ? Mille noms lui conviendraient,
car il a mille formes. Mais qu'il exerce ses ravages en
grand ou en petit, dans l'institution sociale ou
dans des consciences isolées, qu'il corrompe les
mœurs, l'art ou la philosophie, toujours sa présence
se révèle par ce symptôme : une anarchie. On peut

(¹) Il faut essentiellement appliquer à ce passage le reproche
que notre *Nouvelle préface* fait à Nietzsche de ne pas distinguer
entre un christianisme réglé et serein et un christianisme morbide,
entre saint Vincent de Paul et Tolstoï. J'avoue qu'un exposé
où cette confusion n'est pas signalée, prête, pour sa part, au
même reproche. Mais j'étais alors tout à la réaction contre un
certain prêchi-prêcha humanitaire et idéaliste qui sévissait de
tous côtés.

4

dire que le but de Nietzsche, ç'a été de démasquer,
de forcer à reconnaître le vice anarchique dans la
plupart des principes et des sentiments dont
l'époque moderne s'enorgueillit comme de ses
plus nobles conquêtes morales et qui en forment
comme l'air respirable... ou irrespirable.

La philosophie, ou mieux la psychologie de
l'anarchisme est donc dans l'œuvre de Nietzsche
plus qu'un article important. Elle est le centre
et la source de tout. Elle fera l'objet propre de
ces pages où l'on s'étonnera peut-être de ne pas
trouver le ton froid et « impartial » de l'exposé
critique. Mais pour nous, comme pour un certain
nombre d'hommes de notre génération, le nietzschéisme fut moins une révélation qu'un adjuvant.
L'audace et l'éloquence de Nietzsche, mises au
service des conclusions qu'allait nous imposant
de plus en plus l'expérience des idées modernes
et de leurs fruits, ont surtout activé et enhardi
notre libération intellectuelle. Qu'on nous excuse
si, au récit des vues essentielles de ce grand
médecin moral, s'est mêlé, malgré nous, l'accent
de notre propre observation et la chaleur de fièvres
que nous traversâmes aussi. Nous nous flattons
que cette méthode toute spontanée n'aura pas
nui à la véracité de notre interprétation. Nietzsche
ne se comprend pas très bien du dehors.

I

Le signe de toute civilisation, d'après Nietzsche, ce sont les mœurs. Dans le vaste et confus concert d'éléments que l'on a coutume de désigner sous ce mot de civilisation, elles donnent la note humaine. Elles disent ce qui est advenu de l'homme lui-même dans les conditions d'existence que lui font, à un moment et en un lieu donnés, les accidents de l'histoire, l'état des sciences, de l'industrie, des relations de commerce, etc. C'est concevoir bien superficiellement une civilisation que de la croire définie par ses particularités visibles et tangibles ; et c'est aussi s'en tenir à un critère bien grossier de sa valeur. Qu'a-t-elle fait de l'homme ? Quelle variété, quelle nouvelle beauté ou déformation du type humain nous donne-t-elle à comprendre et à apprécier ? Voilà la seule question qui intéresse, quand on joint à une certaine hauteur de point de vue une certaine délicatesse du goût : le résidu psychologique d'une civilisation. Pour Nietzsche,

une civilisation est, avant tout, une culture, une
culture d'hommes.

Comment donc naît et se développe cette fleur
de toute vraie civilisation : des mœurs ?

L'homme est fait d'une multiplicité de tendances,
d'affections, d'impulsions, de mobiles, puissances
discordantes qui le déchireraient bien vite et le
feraient périr de son propre désordre, s'il ne se
les représentait nettement dans des rapports de
subordination et de dépendance qui assignent à
chacune d'elles son rang, sa dignité, sa valeur.
Il faut qu'il se soit assez discipliné, rendu assez
maître de lui-même pour être assuré que l'aveugle
mouvement de ses sensibilités et de ses instincts
ne viendra pas, à tout instant, briser la ferme
ligne d'une tenue dont la vue du barbare, de
l'inéduqué, suffirait à lui faire connaître le haut
prix. L'homme moral, c'est donc l'homme discipliné, châtié, maître de soi.

Ces données peuvent sembler assez banales et
même indécises. On en saisira tout le sens si
nous ajoutons que Nietzsche n'accorde presque
aucune part à la « nature » dans la moralité.
Pour lui, toute espèce de moralité est, non seulement dans ses principes généraux, mais surtout
dans ses particularités délicates et vraiment distinc-

tives, une œuvre du discernement, de l'application et du soin, une culture. Il trouve les modernes mal venus à invoquer la nature, eux dont les moindres nuances de sensibilité et d'estimation morale sous-entendent tant d'expérience humaine. Il n'a pas assez de railleries pour ces philosophes qui, parce qu'ils n'ont d'yeux que pour le type moyen de l'homme éduqué, tel qu'il existe sur quelques centaines de pieds carrés autour d'eux, attribuent à la « nature humaine » les caractères de ce personnage spécial — appellent « nature » leur propre médiocrité. Pour Rousseau, la « nature » ce sont les rancunes plébéiennes, les attendrissements morbides de Rousseau solennisés, élevés à une dignité quasi mystique. Bref, Nietzsche est trop épris du net, du clair, du fini — trop droit, ajouterai-je, — pour ne pas expulser impitoyablement de toute controverse sur la morale, avec cette notion de Nature — si vague qu'on peut y mettre tout ce qu'on veut, et généralement ce n'est qu'un nom pompeux donné à nos propres instincts — ces autres entités également obscures et dangereuses : Raison pure, Libre arbitre, Autonomie, Conscience... bref, la métaphysique. Il n'est pas le premier, dira-t-on. Il est le premier à l'avoir fait avec cette intransigeance et cette malice, parce qu'il ne le faisait pas au nom d'une théorie, mais par simple finesse psychologique,

par haine de toute équivoque et de tout nébuleux
dans les principes de conduite, enfin, selon un
mot qu'il aimait, par « propreté » morale.

Toute morale donc, toute règle des mœurs qui
a été reconnue pour bonne ici ou là, en même
temps qu'elle marque ses directions à l'énergie
humaine, est une œuvre de cette énergie. Elle
condense le résultat de beaucoup de victoires
remportées par l'homme sur lui-même. Elle est
le legs de beaucoup de générations d'ancêtres
obstinées et patientes à se travailler, et à s'accen-
tuer elles-mêmes en un certain sens. Il en est des
données d'une morale comme des préceptes d'un
art arrivé à un certain point de perfection : ceux-ci
fournissent à présent des facilités au génie, lui
épargnent bien des tâtonnements et de stériles
efforts, lui procurent, en le contenant fermement,
une aisance supérieure. Mais combien chacun
d'eux suppose-t-il d'essais maladroits et de tentatives recommencées ! Il en est d'un jugement sain
et fin sur les mœurs comme du goût. Le goût ne
se manifeste guère dans l'élite d'un peuple comme
une intuition rapide et naturelle que quand toutes
les façons à peu près d'être diffus, plat, choquant,
insignifiant, ennuyeux ont été pratiquées par ses
artistes et écrivains antérieurs. Il résume donc
dans sa spontanéité acquise de longues habitudes
de vigilance sur soi-même. Ainsi de tout tact

moral, de tout sentiment de devoir ou de convenance. Pas une vertu n'a fleuri et n'a obtenu
consécration dans l'histoire, dont des hommes
n'aient été les artisans laborieux. Tout ce qui
rehausse l'homme ou le pare — depuis les héroïsmes
les loyalismes, les nobles et chimériques fidélités
jusqu'à la politesse et aux bonnes manières —
est un acquis de l'art humain. La première œuvre
d'art de l'homme, c'est l'homme.

II

Par cette conception généreuse du pouvoir de
l'espèce sur sa propre destinée, Nietzsche se
montre bien l'ennemi de la résignation évangélique
et du pessimisme chrétien. — Mais il s'oppose
plus fortement encore au moderne optimisme
humanitaire, et — trait remarquable — en vertu
du même principe.

Les philosophes et sociologues modernes de
l'inspiration de Rousseau se croient en effet non-
chrétiens, parce que, contre l'ascétisme de la morale
évangélique, ils revendiquent la liberté de l'instinct.
Mais la dangereuse folie de ces esprits, c'est d'être
plus imprudemment chrétiens que l'Evangile lui-
même. L'Evangile ne perd pas de vue l'opposition de ses préceptes à la nature, ni combien ils
sont faits pour scandaliser l'homme naturel, quand
celui-ci n'en aperçoit pas l'envers divin. Ce que
nos humanitaires entendent, eux, par « Nature » ce
n'est autre chose que l'idéal évangélique tout réalisé. Leur thèse de la « bonté primitive de l'homme »

signifie que l'homme portait primitivement en lui
les vertus et les affections que le chrétien croit
avoir été révélées à la terre par Jésus-Christ.

Le Christianisme — aussitôt du moins qu'il se
fut organisé en gouvernement moral d'une partie
de l'espèce humaine — montra cette sagesse de
ne laisser espérer la félicité générale que pour une
autre vie. Il reconnut dans le mal une nécessité
essentielle de la vie présente. C'est dès ce monde
même que les disciples de Rousseau — chrétiens
déréglés, masqués d'un faux naturalisme, — rêvent
de voir s'accomplir le parfait bonheur de l'humanité. Ces pontifes bourgeois, ces « juifs charnels »
ont matérialisé, laïcisé le « royaume de Dieu ».
A supposer que leur espérance ne fût pas misérablement chimérique, ne voient-ils pas tout ce que
sa réalisation supprimerait de vertus et d'énergies ?
La fraternité, la douceur des mœurs fleuriraient.
Mais que deviendraient les vertus de guerre et de
défense ? Le courage des grands desseins et des
grandes ambitions individuelles dépérirait et,
avec lui, la cause la plus décisive du progrès intellectuel. Singuliers ennemis du christianisme, qu'une
hérédité de christianisme sans correctif a assez
pétris, assez brisés pour qu'ils ne ressentent plus
un tel idéal comme la plus lamentable diminu-
tion de l'être humain, comme le plus triste affa-
dissement de la vie !

Contre cet idyllisme, généreux d'apparence,
mais, par ses conséquences, si laid au fond, Nietzsche
est du côté des Montaigne, des Hobbes, des La
Rochefoucauld, des de Maistre, des clairvoyants
enfin. Nullement brutal, l'homme au contraire le
plus délicat, dirai-je, le plus féminin qui fût par
la sensibilité, il n'éprouve aucun besoin d'innocenter la nature, de prêter la franchise au renard
et la mansuétude au loup. Il sait que l'homme a
commencé par être un loup et un renard, qu'il
l'est encore et que ce n'est pas à déplorer absolument, car un agneau n'est propre qu'à être mangé,
et la douceur, l'honnêteté de l'agneau n'ont rien
d'admirable, étant, chez cet animal, stupides et
justement « naturelles ». Rien n'a commencé que
par l'énergie. Et l'énergie, jusqu'à ce qu'elle aît
appris de ses propres échecs la nécessité de la
discipline et de la modération, ne connaît d'autre
loi qu'elle-même. Elle est donc cynique, impi-
toyable, impudique. Elle est le mal. Sot qui
professe : le mal n'est qu'un accident. Il est, au
contraire, l'origine, le noyau de tout ce qui existe,
de tout ce qui a grandi sous le ciel. Il est enveloppé
dans le bien. Il y a, à la racine de la vie, une
impulsion initiale qui la pousse uniquement à se
faire place, à prévaloir. La vie est, en son principe, « Volonté de puissance ».

Arrêtons-nous un instant sur cette formule fameuse, à cause du grave malentendu auquel elle peut prêter.

Depuis Hegel, les métaphysiciens allemands sont obsédés du dessein grandiose, mais fabuleux, de ramener toute la variété de l'univers à un unique principe générateur. Ce principe, ils s'évertuent à l'atteindre par une dialectique souvent fort obscure, où l'imagination supplée la raison. Et ils le baptisent. C'est pour l'un le Moi, pour d'autres l'Absolu, l'Inconscient, la Volonté. On reconnaît là de simples abstractions logiques ou psychologiques divinisées. Dans la fausse vue qui fait de Nietzsche le continuateur de ces philosophes, et de sa doctrine la dernière étape dans le développement de ce panthéisme, d'ailleurs si vain, quelques auteurs prennent la « Volonté de puissance » pour une formule d'explication cosmique. Ainsi entendu, Nietzsche perdrait toute sa précision, tout son prix. Malgré des éclairs parfois jetés sur le domaine des idées cosmologiques, il n'étend pas sérieusement ses regards au delà du règne humain. C'est dans l'homme qu'il observe la Volonté de puissance. Il voit en elle la cause première de tout ce que l'industrie humaine a ajouté à la nature. Il entend qu'à l'origine de tout ce qui s'est établi de durable, d'ordonné, de proprement humain dans l'humanité, il y a, non pas suggestion de

l'instinct, non pas même commandement de la
nécessité, mais fait de violence, de domination,
de conquête, quelque chose d'imposé et de subi.
Toute règle — intellectuelle, esthétique, morale
ou politique, — signifie des instincts et impulsions
rebelles mis sous le joug. Tout « droit » est un legs
de la force. Victorieuse, elle a pu organiser ce
qu'elle avait soumis, faire du résultat de la guerre
la loi de la paix.

La Volonté de puissance est la conseillère profonde des peuples et des races. C'est elle qui les
met sur la voie des vertus par lesquelles ils seront
forts, deviendront grands, uniques. C'est elle qui
les rend appliqués, persévérants, rusés, intraitables
dans la défense et l'entretien de ces vertus. C'est
elle qui leur suggère les expédients qui les sauvent
de périr aux tournants dangereux de leur destinée :
ici la cruauté, les exterminations rapides et com-
plètes de l'ennemi extérieur ou intérieur, ailleurs
au contraire la patience, l'endurance, la longani-
mité. Elle fête ses extrêmes triomphes dans les
belles civilisations, les plus doux et les plus achevés
dans de gracieuses et nobles mœurs (¹).

_____

(¹) J'expose Nietzsche. Mais il y a dans mon exposé un certain
ton d'adhésion sur lequel je dois encore ici m'expliquer. Quand
on est jeune, on rebondit à l'excès sous la contradiction, on est
enclin à répondre aux déclarations de l'hypocrisie par un certain
cynisme d'esprit qui se plaît à exagérer ce que l'hypocrisie dissimule. Devant des idéalistes affectés qui opposent d'une manière
absolue la justice et la force, on se plaît à outrer la part originaire

Mais, par quelque biais qu'elle dirige l'homme
vers ses fins, il est une contrainte qu'invariable-
ment elle lui impose, à savoir : celle qu'il a à
exercer sur lui-même dans le sens des vertus d'où
dépendent son salut et sa primauté.

---

de la force et de la violence dans toutes les institutions de justice.
Une force qui écrase *injustement* d'autres forces et qui, après
cette victoire se montre organisatrice, fonde un ordre de justice,
une paix qui rend la justice possible. L'histoire ne nous montre
qu'en trop de cas ce spectacle. Il est niais ou malhonnête d'édul-
corer les leçons de l'histoire et mieux vaut écouter Nietzsche.
Mais le même sens expérimental et positif, qui nous fait voir que
rien ne saurait différer autant d'une pastorale que le tableau
vrai des événements humains, nous montre aussi (et c'est ce
dont je ne tenais pas assez de compte) que le progrès général de
la civilisation et des lumières dans les peuples de l'Occident (je
dis : de l'Occident) y ôte d'avance toute justification aux entreprises « exterminatrices » tentées soit par un peuple contre un
autre, soit, dans un peuple, par un parti contre un autre parti et
condamne ces entreprises à l'échec. L'échec peut malheureusement (nous l'avons assez vu) ne survenir qu'après beaucoup de
ravages accomplis. Il reste donc vrai, que la première vertu des
peuples et des gouvernements, c'est qu'ils soient forts. C'est la
condition primordiale pour qu'ils puissent être doux et justes.

III

« Plutôt n'importe quelles mœurs, dit Nietzsche,
que pas de mœurs du tout ! »

Sans doute ! mais il y a pour l'homme bien des
façons de se représenter l'ordre et la discipline
convenables à sa nature. Il y a eu bien des sortes
d'éthique, autant que de climats, de religions,
de patries, de castes sociales. Qu'est-ce qui fait
adopter l'une plutôt que l'autre ? Qu'est-ce qui,
pour une société, une famille humaine déterminée,
assigne à chaque mode d'agir et de sentir son rang
respectif dans l'échelle des valeurs morales ?
Qu'est-ce qui qualifie le bien et le mal ?

Toujours la volonté de puissance. Tout critère
d'estimation morale est au fond, pour ceux qui
l'adoptent et le préconisent, un moyen de s'assurer
la grandeur. Il s'inspire des conditions qu'il faut
ou qu'il faudrait à une certaine catégorie d'hommes
pour primer ; ces conditions, il les érige en norme,
en idéal de la vie.

Mais la morale s'établit par des voies et des inspirations bien différentes, selon que ce fondamental vouloir de primauté jouit de la puissance effective nécessaire pour réaliser ses desseins, tout au moins pour les poursuivre au grand jour — ou bien qu'il est paralysé par la débilité et le malheur.

Le premier cas est, par exemple, celui d'un peuple militaire et organisateur comme les Romains C'est encore, au sein d'un peuple, le privilège d'une classe conquérante ou mieux douée qui s'empare du pouvoir et, en usant avec sagesse, le garde des siècles. La morale alors s'organise d'elle-même et elle n'est, pour ainsi dire, que la sanction du fait. Les aptitudes guerrières et politiques, la vigueur et le talent de commander, le courage d'obéir, le mépris de la vie, le civisme, l'esprit patriotique, l'esprit de caste et généralement toutes les tendances créatrices, organisatrices, conservatrices, sont mises au premier rang des vertus. De même la véracité (les forts n'ont que faire de mentir), la générosité et la magnanimité, ce « luxe de la puissance », interdit au faible. Toutes les façons générales de penser qui tournent à la défense et à la consécration de l'ordre établi forment les bons principes. La petitesse d'âme, la ruse, la peur des responsabilités, l'incapacité de

s'émouvoir pour d'autres intérêts que d'individuels
sont les signes de l'homme vil. Les mauvaises
doctrines sont toutes celles qu'inspirent l'orgueil,
l'excès de sensibilité personnelle, une secrète rancune contre les puissances régnantes et l'œuvre
de civilisation qu'elles ont créée ou qui leur a
été transmise à conserver.

En face, ou plutôt au-dessous de cette morale
de la puissance, l'histoire en effet en a toujours
vu se former une autre : la morale de l'impuissance et de la défaite. Elle renverse l'ordre des
valeurs établi par la première, glorifie ce que
celle-ci avilissait et réciproquement. Quand un
peuple est subjugué et hors d'état de prendre sa
revanche, il s'avise d'un détour ; il flétrit le vainqueur qu'il ne peut écraser et travaille à accré-
diter dans le monde le mépris de la victoire. S'il
y réussit, il deviendra plus grand que ses maîtres.
Il s'agit de faire passer les humiliations visibles
pour la marque d'une supériorité... invisible,
« spirituelle », d'une élection mystique. Dieu,
insinuera-t-on, laisse frapper ses enfants pour les
distinguer des enfants de la terre et montrer que
leur grandeur n'est pas de ce monde. Plus ils
seront humbles, résignés, doux, mieux cette leçon
se fera comprendre au vainqueur, le troublera, lui
donnera la mauvaise conscience. Les Juifs ne
purent se prémunir contre les dangers dont leur

nullité militaire, les captivités, les dispersions menaçaient sans cesse leur existence nationale, qu'en se serrant le plus fortement possible autour de leur dieu pour suppléer à la caducité du lien politique. L'idée du royaume de Dieu (au sens charnel) est juive. C'est l'expédient grandiose qui, en sauvant ce peuple de l'anéantissement, lui révéla sa vocation propre, lui imprima son caractère.

Sur les monuments allemands qui commémorent la guerre de 1870, on lit : « Gott war mit uns. » *Dieu fut avec nous*. En France, on a parlé trop de l'écrasement du « Droit » par la « Force »; on s'est exalté à des principes d'où il résulterait que nos ennemis ont été bien malheureux et presque bas de vaincre. Ces formules se valent. Les armées, les tactiques, les politiques, ne se valaient pas. La nature ne connaît que vainqueurs et vaincus, forts et faibles, organisés et désorganisés. Ces derniers en appellent à la Surnature, à la « Justice ». Ne l'auraient-ils pas inventée à leur usage ?

En tout cas, on ne saurait sérieusement continuer de répandre que la doctrine de Nietzsche soit malsaine. Son goût pour la morale des puissants, c'est tout simplement son antipathie pour la duplicité.

IV

La guerre n'existe pas seulement d'hommes à
hommes. En lui-même l'homme porte une guerre
d'instincts. La première exigence de la Volonté
de puissance, c'est que cesse cette anarchie naturelle. Il y a une manière ouverte et hardie de la
combattre. Elle distingue les races supérieures et
les hommes les mieux nés. Il y en a une, dissi-
mulée et misérable, cette dernière variable à
l'infini comme les subtilités de l'hypocrisie et de
la faiblesse.

Les Grecs (les meilleurs du moins, car ils ont
eu leurs révoltés) acceptent d'une humeur sereine
les discordances intestines de l'animal humain
et tous les maux attachés à sa condition dans
l'univers. De ce désordre, ils s'industrieront à
tirer de l'ordre. Aristote rend sensible leur tour
d'esprit à la fois soumis et décidé par la manière
dont il montre que l'Etat est nécessaire. L'individu

organisé pour vivre hors de l'Etat ne serait pas
un homme, se contente-t-il de dire. « C'est une
brute ou un dieu. » Aux yeux des Grecs, rien,
d'ailleurs, de ce qui est indispensable à l'homme
pour ne pas demeurer dans la sauvagerie et pour
atteindre à l'état de civilisé ne lui a été octroyé
spontanément par les dieux. Il est l'ouvrier de
sa maison. La formation et le maintien de la société
politique, bien que commandés par la nature elle-
même, sont une œuvre d'art et de raisonnement.
Pareillement, les maximes d'une vie juste ne sont
pas dictées par l'inspiration ; mais elles expriment
une conciliation entre mille nécessités et conve-
nances ennemies. Rien n'est mauvais en soi, sinon
le désordre. Tout ce qui est ordonné, hiérarchisé,
est bon. Tout ce qui est aisé et libre est beau.
Morale, on le voit, tout orientée vers la liberté
et la puissance, mais par le moyen de la discipline.

Le signe le plus profond de bonne naissance
de l'esprit, d'après Nietzsche, se trouve là : dans
ce consentement sous-entendu aux données de la
nature et du destin. Beaucoup s'en sont vantés,
qui n'en avaient que la vanité ou le désir malheureux. L'indifférence que les Stoïciens prétendent
montrer à la douleur est quelque chose de tendu,
de travaillé, de jactancieux, de haineux, au fond.
La résignation humble, bénisseuse, pieuse, d'Epic-
tète, est d'un goût pire encore. Il faut à cette

sage disposition d'esprit une tranquillité et une
naïveté qui ne s'imitent pas, une proportion parfaite de légèreté et de sérieux. Elle est l'expression
implicite d'un fonds de réalité et de vérité dont
l'esprit ne perd pas le contact. Elle est une justesse
d'humeur qui s'accommode de la variété des
humeurs, et n'exclut que l'affecté, l'excessif, le
chimérique. Les grands Grecs de la lignée de
Thucydide et d'Aristote en ont donné l'exemple,
ainsi que les meilleures intelligences et les meilleurs
caractères de la France.

Il n'y a pas plus sûr indice d'une énergie vitale
intacte que ce fonds de pensée paisible. Rien
n'est bon pour préserver l'homme de sombres
imaginations sur l'iniquité du ciel, comme le
sentiment de son pouvoir puisé dans une heureuse
organisation. Il peut être malheureux (et quel
peuple fut plus éprouvé que les Grecs ?) ; mais
il l'est ou du fait du sort, ou du fait de ses erreurs,
non par quelque disgrâce ou désharmonie ori-
ginelle de son âme. Il ne porte pas son ennemi
en lui-même. Son élasticité finit toujours par
rétablir en lui le calme nécessaire à l'exercice du
jugement et à la possession de soi.

Imaginons-le, au contraire, pâtissant de quelque
déséquilibre, de quelque impuissance innée. Qu'il

joigne à une extrême capacité de jouir et de
souffrir des facultés de réaction débiles ! Qu'avec
une sensibilité et des instincts surexcités par les
raffinements de l'imagination et de la civilisation,
ses centres organiques, faibles ou lésés, lui refusent
l'énergie, les plaisirs de l'industrie, du combat !
Voilà un être voué à l'accablement et à qui l'impartialité intellectuelle sera bien difficile. Il voit la
nature et la vie sombres et cruelles. Qui accu-
sera-t-il ? Son propre ulcère qui leur donne cette
couleur, ou la méchanceté du démiurge ?

Cette infortune de naissance peut être la caractéristique de races entières, soumises à un climat
qui les laisse languissantes. Il est probable qu'elle
l'est ; les conditions de toute réussite sont com-
pléxes, donc rares. Le climat propice au développement d'une certaine perfection totale du
type humain n'existe sans doute que sur peu de
points du globe.

Dans des races d'élite, il peut se produire,
après des siècles de domination, épuisement,
décadence.

Enfin, des êtres sains, mais brusquement placés
par les hasards des destinées individuelles ou par
les mouvements de l'histoire dans une condition
très loin de celle à laquelle leur naissance les
adaptait, sont exposés par ce désaccord à de profondes et constantes blessures qui équivalent, pour

les faire souffrir et leur ôter l'aisance d'esprit,
à des tares natives.

Dans ces positions misérables, deux moyens
s'offrent à l'homme pour pallier le mal de la vie.
Ou bien s'avouer sa débilité, se traiter en malade
qui redoute le soleil et les vents et ne peut traîner
en paix ce lambeau d'existence que dans une
chambre close. — Ou bien imaginer des principes
religieux ou métaphysiques qui lui permettent de
voir sa souffrance sous un jour consolant, glorieux
pour lui, humiliant surtout pour ceux qui n'y ont
point part.

De ces deux partis, le premier se recommande
au moins par la probité et le bon goût. D'après
Nietzsche, deux sectes surtout en ont compris
l'excellence et élaboré la méthode : les Bouddhistes
et les Epicuriens. Supprimer toutes les prises de
la vie sur nous, non par une rupture révoltée et
violente qui nous laisserait tout haletants, mais
par un mouvement de savante et douce retraite,
se désintéresser de la cité et de la postérité, de
tout ce qui agite, de tout ce qui nous divise
contre nous-même, et, en un mot, de notre personne ; ne se permettre que des curiosités sans
angoisse et, en fait de passions, la plus pacifique
seulement, l'amitié entre hommes mûrs ; enfin,
pousser l'indifférentisme jusqu'à un sentiment de
fraternité universelle, jusqu'à tout accorder de

nous au premier venu qui le demande, c'est là le chemin du nirvâna, de l'ataraxie, béatitude pour malades... mais cette restriction est-elle à faire ? L'idée de la béatitude, de l'extase, du sommeil comme terme suprême, n'est-ce pas le symptôme d'incurables tourments, de quelque incompatibilité de l'âme avec la vie ?

Cet ascétisme épicurien, qui semble incliner l'homme tout entier vers la mort, c'est lui-même une invention de la volonté de puissance. A des natures brisées il donne au moins l'organisation chétive que seules elles comportent.

Malheureusement, il est rare que la volonté de puissance procède avec cette convenance qui prouve beaucoup de distinction. Les mal nés ne se résignent pas à l'effacement. Pour en sortir et donner du prix à leurs activités inquiètes et déréglées, pour auréoler leurs aspirations souffrantes, ils bouleversent les idées naturelles.

Nous les suivrons tout à l'heure dans les méandres de ce travail. Marquons-en dès ici le schéma. La condition humaine et l'être humain renferment, on l'a dit, soit originairement, soit à partir d'un certain point de l'évolution de l'espèce, des antinomies. Incapable que l'on est d'en triompher par une énergie ordonnée, de les résoudre en harmonie, de créer le concert des puissances hostiles qui composent la vie, il s'agit, tout

d'abord, d'éluder le problème que ces contradic-
tions posent à l'intelligence et à l'activité de
l'homme, puis de glorifier cette solution équivoque
et peu généreuse. Le moyen ? déshonorer dans
l'opinion de l'humanité l'un des principes antago-
nistes que l'individu ou la société portent en leur
sein ; — par là, justifier ceux-ci du dérèglement
avec lequel ils se laisseront emporter à l'excès
du principe contraire.

Un exemple — l'avilissement de la « matière »
— éclaircira cet artifice.

Ce qui rend irréalisable pour l'homme la perfection de son type, c'est la dualité de sa nature:
esprit et corps. Comment ne pas perdre en
valeur physique, en aptitude à la vie, en naturel,
ce qu'il gagnera en intensité méditative, en
conscience ? Il y a mesure même à l'excellent.
Ainsi se connaître est bon, se trop connaître est
mortel. Le problème de ces conciliations délicates
ne se pose pas pour des peuples encore peu éloignés de la barbarie, ni pour des classes peu cons-
cientes. Mais il fait cruellement sentir sa complexité
à l'élite des civilisations déjà avancées. Gœthe
nous montre dans Faust un fanatique de médita-
tion qui a perdu dans cet abus l'ingénuité nécessaire à toute entreprise virile. Encore Faust
reprend-il goût au réel. Combien gardent au fond
d'eux-mêmes cette réserve de santé qui le sauve,

parmi ces jeunes gens des écoles et des sectes
d'Athènes déclinante ou de Paris moderne, dont
l'orgueil, la fureur raisonnante ont desséché
l'âme, flétri la grâce, faussé le sens ? La pensée
n'est pas plus que le corps la fin de l'homme.
La fin, c'est l'harmonie des deux. Mais quand
l'équilibre de l'organisation humaine est rompu
en sa faveur, quand elle ne se sent plus modérée
par aucune convenance, la pensée élève une sorte
de prétention infinie. Elle veut que tout se règle
par elle. Elle s'érige en arbitre et inspiratrice
unique de la vie. Elle la désorganisera : car elle
n'est pas la cause, mais un fruit de la vie. C'est
probablement le signe le plus sûr des décadences
que ce doute, ce scrupule infini et maladif dont
les habitudes, les estimations et les institutions
les plus nécessaires doivent devenir l'objet, dès
que la spéculation s'acharne à leur demander leurs
titres absolus. C'est l'anxiété universelle substituée
à l'aisance et à la simplicité des époques fortes.
Tout est remis en question par ces « intellectuels »
qui ont perdu ou qui n'ont pas eu d'où tirer le
sens des mœurs ; tout ce qui existe autour d'eux
d'abord, mais aussi eux-mêmes, leur caractère,
leurs traditions, leur être propres. Ils se détruisent
plus misérablement encore qu'ils ne détruisent.

Contre cette humiliation, quelle ressource ?
Diviniser le principe pensant. Ainsi les ravages

qu'il fait par ses excès deviennent beaux. Puis
démontrer vile la matière. C'est ce qu'Athènes
vit exécuter par Socrate et Platon, philosophes
de décadence, affirme Nietzsche. Ils enseignent
que l'âme, accidentellement et temporairement
déchue d'une destinée transcendante, est dans le
corps comme dans un lieu d'épreuve, une prison.
Le mythe importe peu. Mais cette invite de l'âme
à se détacher de ses liens est une prime accordée
à toutes les frénésies spirituelles, à toutes les
orgies de la sensibilité morale. Elle ôte sa triste
signification physiologique à l'inquiétude intérieure
et lui en prête une sublime. Elle frappe de déshon-
neur la sérénité.

C'est la falsification idéaliste. Elle se présen-
tera sous bien des formes au cours de l'histoire,
mais toujours pour rendre le même service.

V

Une doctrine morale a donc, d'après Nietzsche,
la qualité même de ceux à qui elle apporte un
secours. Il s'ensuit qu'une morale sage, favorable
à l'ordre social — à plus forte raison, une morale
noble — ne saurait être l'œuvre et le partage que
d'un petit nombre, d'une aristocratie.

Les vertus utiles, les préceptes que la société
a besoin de voir adopter, soit par tous ses membres,
soit par telles ou telles catégories, sous peine de
périr, ne peuvent avoir été conçus et imposés d'en
bas. Ces préceptes sont l'expression de nécessités
que le regard n'embrasse que d'une certaine
altitude. La multitude est incompétente même à
l'égard de sa propre conservation. Elle est impré-
voyante et égarée. Elle est troupeau.

Quant aux belles vertus, aux maximes généreuses du civisme et de l'héroïsme, elles appartiennent aux parties dirigeantes des sociétés
humaines, parce que c'est seulement à cette
hauteur de position que la nécessité s'en fait sentir

et qu'elles jaillissent de l'égoïsme même. Alors que ceux qui commandent au peuple ne se seraient proposé d'autre fin que la possession du pouvoir, ils ne le conserveront jamais qu'en instituant un ordre général dont l'entretien leur incombera. Dévoués primitivement à eux-mêmes, ils seront contraints de se faire serviteurs de la chose publique. Qu'importe que le subordonné, sa tâche spéciale une fois accomplie, ne pense plus qu'à lui-même et à sa nichée ? Le chef, le responsable, doit faire passer avant tout la pensée de la totalité.

Nietzsche se moque des théories mystico-démocratiques qui attribuent à la foule on ne sait quel mystérieux pouvoir de création inconsciente dans l'ordre poétique et moral. Elles font partie de la défroque romantique. Bien plus, il tient toute foule pour ennemie de la morale, d'une haute morale au moins. S'il y a un inconscient en elle, le voilà. Comment concevoir une masse humaine où les faibles, les manqués, les impotents, les malades ne domineraient pas ? C'est une donnée élémentaire. Les forts, les biens nés, les biens centrés sont toujours un très petit nombre. Et c'est le signe le plus avéré de la faiblesse organique et surtout intellectuelle, ou mieux, c'est la faiblesse même que l'incapacité de se gouverner, l'inaptitude à la maîtrise de soi, condition commune de toute morale caractérisée. Le faible est, de par la nature, esclave, esclave d'abord de ses propres sensibilités. Anarchique, il est un propagateur né d'anarchie, de laisser-aller. Le laisser-aller, les mœurs, deux antipodes. Une morale, comme toute culture, demande, pour pousser de vigoureuses racines, un riche terrain, de profondes réserves de vitalité. Elle ne saurait donc se faire reconnaître et prendre pied sur un peuple que par le ministère d'une élite. Qui désignera cette élite comme maîtresse ? Les effets mêmes de la force et de l'intelligence ; la victoire, la conquête, les services rendus par des capacités hors de pair pour l'organisation et la protection commune. De cette supériorité d'énergie, prouvée tout d'abord par le talent de se commander à soi-même en vue de quelque chose d'ordonné et de grand, résulte pour l'élite, non seulement le devoir de commander à la masse, mais aussi celui de défendre contre elle sa propre intégrité. Si indispensable que soit pour la paix et la sécurité de la nation une aristocratie forte et sûre de soi, la fin essentielle de l'aristocratie, ce n'est pas le bien général, mais sa propre vertu. Elle a la jouissance des honneurs et seule elle fait figure. Mais la tâche supérieure qui constitue sa raison d'être lui impose les responsabilités les plus rigoureuses et les plus délicates, en même temps que les plus incompréhensibles pour l'homme

de la masse. Cette tâche, c'est l'enfantement et
l'entretien de belles mœurs. Bref, qui dit mœurs
dit une aristocratie, dit des maîtres.

Si la multitude ne participe pas à l'enfantement
des belles mœurs ou si elle n'y participe qu'indi-
rectement, comme subordonnée de l'aristocratie,
— il s'en faut qu'elle souscrive toujours à cette
distribution des rôles et demeure à sa place (1).
Il ne s'agit pas ici des révoltes causées par l'oppression matérielle, l'exploitation brutale, les souffrances. Des temps viennent où, même pourvue
de toute la sécurité et de tout le bien-être possibles
par la vigilance et la justice des maîtres, ne dési-
rant dans sa généralité ni plus de pain ni plus
de jouissances, la plèbe s'insurge contre le privilège constitutif des aristocraties : créer la morale,
déterminer le type de l'homme. Elle prétend
l'accaparer, le faire descendre jusqu'à elle. Il en
résulte en opposition avec la « morale des maîtres »
une « morale des esclaves ». Laissons Nietzsche
développer avec ampleur cet important parallèle.

Au cours d'une excursion entreprise à travers les
morales délicates ou grossières qui ont régné dans le
monde ou qui y règnent encore, j'ai trouvé certains
traits se représentant régulièrement en même temps

---

1) Voir, pour l'atténuation de ce qu'il y a de trop dur, de trop
tendu dans cet aristocratisme, notre appendice II, sur la hiérarchie. Se reporter aussi à notre avertissement.

et liés les uns aux autres : tant qu'à la fin j'ai deviné
deux types fondamentaux et une distinction fondamentale. Il y a une morale de maîtres et une morale
d'esclaves ; j'ajoute de suite que, dans toute culture
plus élevée et plus mêlée, apparaissent aussi des
tentatives d'accommodement des deux morales,
plus souvent encore la confusion des deux et un
malentendu réciproque, parfois même leur étroite
juxtaposition — et jusque dans le même homme, à
l'intérieur d'une seule âme. Les différenciations de
valeurs morales sont nées ou bien sous l'empire
d'une espèce dominante qui, avec un sentiment de
bien-être, a eu pleine conscience de ce qui la place
au-dessus de la race dominée — ou bien parmi les
dominés, les esclaves et les dépendants de toutes
sortes. Dans le premier cas, quand ce sont les domi-
nants qui déterminent le concept « bon », ce sont
les états d'âmes sublimes et fiers que l'on regarde
comme ce qui distingue et détermine les rangs.
L'homme noble met à l'écart et repousse loin de lui
les êtres en qui s'exprime le contraire de ces états
sublimes et fiers : il les méprise. Qu'on remarque
de suite que, dans cette première espèce de morale,
l'antithèse « bon » et « mauvais » revient à celle
de « noble » et de « méprisable » ; l'antithèse « bien »
et « mal » a une autre origine. On méprise le lâche,
le craintif, le mesquin, celui qui ne pense qu'à
l'étroite utilité ; de même le méfiant, avec son
regard inquiet, celui qui s'abaisse, l'homme chien
qui se laisse maltraiter, le flatteur mendiant, —

surtout le menteur — c'est une croyance essentielle
chez tous les aristocrates que le commun peuple
est menteur. « Nous autres véridiques », tel était
le nom que se donnaient les nobles dans la Grèce
antique ! Il est évident que les estimations de valeur
morale ont eu primitivement pour objet des hommes
et n'ont été que par la suite rapportées à des actions.
Aussi les historiens de la morale commettent-ils
une lourde bévue lorsqu'ils prennent comme point
de départ des problèmes tels que celui-ci : « Pourquoi des actions inspirées par la pitié ont-elles été
jugées louables ? » Les hommes de l'espèce noble
sentent que ce sont eux qui définissent les valeurs
des choses, ils n'ont pas besoin de se faire approuver,
ils jugent : « Ce qui m'est nuisible est nuisible en
soi. » Ils savent en un mot qu'il n'y a d'honneur que
ce qu'ils en confèrent ; ils sont créateurs de valeurs.
Tout ce qu'ils reconnaissent appartenir à leur nature,
ils l'honorent. Une telle morale est glorification de
soi-même.

A son premier plan se trouve le sentiment de la
plénitude de la puissance qui veut déborder, le
bonheur de la grande tension, la conscience d'une
richesse qui voudrait donner et répandre : l'homme
noble, lui aussi, vient en aide au malheureux, non
pas ou presque pas par compassion, mais plutôt
par une impulsion que crée la surabondance de la
puissance. Il honore le puissant, et non le moins,
celui qui a le pouvoir sur soi-même, qui s'entend
à parler et à se taire, qui a plaisir à exercer contre

soi sa sévérité et sa dureté, qui a le respect de tout
ce qui est sévère et rigoureux. « Wotan me plaça
dans la poitrine un cœur dur », est-il dit dans une
vieille *Saga* scandinave... cette sorte d'hommes
s'enorgueillit justement de n'être pas faite pour la
pitié : c'est pourquoi l'auteur de la Saga ajoute :
« Celui qui n'a pas dès sa jeunesse un cœur dur ne
l'aura jamais. » Des nobles et des braves qui pensent
de la sorte sont aussi éloignés que possible de cette
morale qui fait justement consister dans la pitié
ou dans le fait d'agir pour autrui, ou dans le *désintéressement* (*en français dans le texte*) le signe décisif
de la moralité..... Les puissants savent honorer ;
c'est là l'art où se déploie leur richesse d'invention.
Respect pour la vieillesse et respect pour la tradition, double fondement pour eux de tout le droit.
Une foi, une disposition d'esprit qui porte toujours
à juger favorablement les aïeux et défavorablement
les nouvelles générations, voilà un trait typique de
la morale des puissants ; réciproquement, quand on
voit les hommes des « idées modernes » croire presque
par instinct au « Progrès » et à « l'avenir » et manquer
de plus en plus de respect pour l'âge, on a là un
signe bien suffisant de l'origine basse de telles idées...
Être capable de longue reconnaissance et de longue
vengeance — à l'égard seulement de ses pairs —
et s'en sentir le devoir ; savoir nuancer le talion,
avoir des idées raffinées en amitié, éprouver une
certaine nécessité d'avoir des ennemis (peut-être
comme exutoire aux humeurs d'envie, de dispute,

6

de témérité, et au fond, pour pouvoir être bien
ami) : autant de caractères significatifs de la morale
noble, laquelle, on l'a dit, n'est pas la morale des
« idées modernes », raison pour laquelle il est difficile
de la bien sentir, difficile aussi de la déterrer.

...Il en est tout différemment de l'autre morale,
la morale des esclaves. En supposant que les asservis,
les opprimés, les souffrants, ceux qui ne sont pas
libres, qui sont incertains d'eux-mêmes et fatigués,
se mettent à moraliser, que trouveront-ils de
commun dans leurs appréciations morales ? Vraisemblablement s'exprimera une défiance pessimiste
de la position de l'homme, peut-être une condamna-
tion de l'homme avec toute sa situation. Le regard
de l'esclave est défavorable aux vertus des puissants : il est sceptique et méfiant, il a la subtilité
de la méfiance contre toutes les « bonnes choses »
que les autres vénèrent — il voudrait bien se persuader que le bonheur même là n'est pas véritable.
Par contre, il met en avant, en pleine lumière, les
qualités qui servent à adoucir l'existence de ceux
qui souffrent : ici nous voyons honorer la compassion, la main complaisante et secourable, le cœur
chaud, la patience, l'application, l'humilité, l'ama-
bilité, — car ce sont là les qualités les plus utiles,
et presque les seuls moyens pour alléger le poids de
l'existence. La morale des esclaves est essentiellement une morale utilitaire. C'est ici le foyer d'origine
de la fameuse antithèse « bon » et « mal » : — c'est
dans le concept mal que l'on fait entrer la puissance

et ce qui est dangereux, quelque chose de formidable, de subtil et de fort qui ne laisse pas approcher le mépris. D'après la morale des esclaves, c'est le « méchant » qui inspire la crainte ; d'après la morale des maîtres, c'est justement le « bon » qui l'inspire et la veut inspirer, tandis que l'homme « mauvais » est l'objet du mépris. L'opposition des deux principes se rendra tout à fait sensible si l'on remarque la nuance de dédain (même léger et bienveillant) qui s'attache au « bon » selon l'acception de la morale d'esclaves parce que le « bon » de cette morale, c'est l'homme inoffensif, de bonne composition, facile à duper, peut-être un peu bête, un *bonhomme*. Partout où la morale d'esclaves a pris le dessus, on observe dans la langue une tendance à rapprocher les mots « bon » et « bête »... Dernière différence fondamentale : l'aspiration vers la *liberté*, l'instinct pour le bonheur et les délicatesses du sentiment de liberté appartiennent aussi nécessairement à la morale et à la moralité des esclaves que l'art et l'enthousiasme dans la vénération et dans le dévouement sont le symptôme régulier d'une manière de penser et d'apprécier aristocratique. [1] (*Jenseits von Gut und Böse*, p. 239.)

---

[1] Il y aurait infiniment à dire sur ce morceau, qui prendra des sens bien différents selon qu'il sera lu par un homme délicat ou par un goujat audacieux. Il ne faut pas perdre de vue que Nietzsche a toujours devant lui l'hypocrisie humanitaire. C'était un peu mon propre cas lorsque je le présentais si favorablement. Je renvoie aux considérations générales de ma préface.

VI

La morale des maîtres est positive et créatrice.
Elle fonde les civilisations. La morale des esclaves
est négative et subversive. Elle est le principal
agent et le grand symptôme des décadences. Nous
allons les montrer l'une et l'autre à l'œuvre.

La morale des maîtres se présente sous deux
aspects bien différents selon qu'on la considère
dans un âge barbare ou dans un âge poli. C'est
dans le premier cas qu'elle est le plus forte, mais
aussi le moins intéressante. Moins des hommes
sont complexes, plus il est facile de les discipliner,
de concentrer leurs énergies en quelques vertus
simples et vigoureuses. On pourrait dire que le
fonds d'une morale barbare, c'est l'énergie brute,
l'énergie pour elle-même.

Mais, à mesure que le développement de la
sécurité, du bien-être et des plaisirs, le progrès
des connaissances et des arts, une expérience trop

longue de la morale elle-même viennent accroître
et compliquer le contenu de la conscience humaine,
l'homme se dérobe de plus en plus aux prises :
il en sait, il en veut, il en rêve trop. L'établissement de disciplines à la fois puissantes et adaptées
est alors l'entreprise la plus difficile. Nietzsche
remarque que les grandes ou plutôt les grosses
systématisations de la morale accréditées aujour-
d'hui (kantisme, utilitarisme, etc.) se rapportent
en fait à une humanité psychologiquement fort
rudimentaire (toute théorique et abstraite au
surplus), et que tous les vrais éléments de moralité,
c'est-à-dire les nuances et les finesses d'appréciation
morale, qui se sont développés d'eux-mêmes dans
nos civilisations, n'ont rien à voir avec ces lourdes
machines. Et il est certain que, si ces fameux
doctrinaires des mœurs sont ingénieux, puissants
même, puissants à vide, dans la déduction des
principes généraux, ils se montrent, Kant notamment, dans l'exposé des préceptes pratiques, d'une
lourdeur, d'une vulgarité, d'un ridicule difficiles
à accorder avec ce qu'on sait parfois de leur tact
personnel.

Le problème pour l'homme moderne ne serait-il
pas de joindre à sa précieuse complexité l'énergie
du barbare ? Ce problème ne sera pas résolu par
des formules, mais par des individus...

Dans l'âge barbare, la morale en faveur est

l'objet d'une foi si prépondérante que les croyances
théologiques et les traditions légendaires du peuple
se façonnent à son image et selon ses exigences.
De là l'invention de ces généalogies qui, en faisant
descendre les princes des dieux, divinisent les
hautes mœurs elles-mêmes. De là, l'imagination
de ces paradis où seules les vertus qui font le chef
auront leur récompense, les autres n'étant sans
doute que vertus viles. Nous verrons que la morale
des esclaves a, elle aussi, ses au-delà... Mais on
sent, dès ici, la différence profonde de signification
qui existe entre un Walhalla, un paradis scandinave de guerriers, et un paradis juif de misérables. Les cieux des peuples maîtres sont une
exaltation de la terre. Ceux des peuples esclaves ont été conçus en haine et en horreur de
la terre.

Une morale de barbares est tournée tout entière
vers des fins de combat et de conquête. Il est des
peuples qui ne sont jamais sortis de l'état barbare,
soit que les circonstances ne le leur aient pas
permis, soit qu'il y eût dans leur forme propre
d'énergie quelque chose de trop épais et de trop
court, comme dans le cou d'un taureau. D'autres,
plus heureux et mieux doués, ont pu s'épanouir,
se donner — parfois sans que la guerre cessât de
les harceler — des siècles de jouissance, exercer
leur force dans tous les jeux de la civilisation.

Ce sont les peuples artistes, peuples de maîtres essentiellement.

Un peuple **est artiste** quand son élite au moins n'a plus besoin de théologie, quand il ne lui est plus nécessaire de s'appuyer sur des autorités surnaturelles pour se rester fidèle à lui-même, quand enfin sa morale lui apparaît suffisamment justifiée par l'ordre qu'elle met en l'homme, par la logique et la perfection du type humain qu'elle a formé. Il y a donc, selon Nietzsche, au sommet de toute civilisation artiste, un certain athéisme. (¹) L'amour de la perfection et de l'ordonnance pour elles-mêmes est le sentiment civilisé par excellence. Dans l'état barbare, la vertu était tendue ; elle était au prix d'une dure et vigilante contrainte, à laquelle l'imagination donnait quelque chose de sacré, mais de sombre aussi ; maintenant elle est devenue un jeu (ce qui ne signifie pas une facilité), une chose belle. La vigilance sur soi, sans se relâcher, en se faisant même plus minutieuse et plus nuancée, a perdu de sa raideur. Elle a pris des formes agiles et promptes. Elle se manifeste par le tact et le goût. Dans les époques rudes, la morale n'était que joug ; sa force était au prix d'un certain aveuglement. Mais c'est son plus beau triomphe

---

(¹) Il est plus vrai de dire que la notion de Dieu et des choses divines, sur laquelle l'esprit de l'homme peut travailler indéfiniment, s'épure et devient plus lumineuse à mesure que la civilisation progresse.

d'avoir préparé une espèce d'hommes assez finement
maîtres d'eux-mêmes, pour qu'elle n'ait plus de très
grands dangers à redouter de leur clairvoyance.
Génératrice de l'ordre, elle fournit à présent
l'aliment de hauts plaisirs intellectuels. Monté fort
haut grâce à elle, l'homme prétend jouir de son
ascension, affirmer le rapport où il se sent être
avec l'univers. Il a acquis, au prix d'une discipline séculaire, l'aisance et la liberté des mouvements, de nobles loisirs. Sa volonté de maîtrise,
sans s'affaiblir, se raffine, se tourne vers de plus
vains objets. Sa propre harmonie détermine le
désir de toute son intelligence et l'objet de ses
activités supérieures. Il s'ingénie à trouver entre
les éléments de la nature des harmonies subtiles
et profondes, et à les représenter dans cette
ordonnance idéale. C'est l'origine et la raison
d'être de l'art, glorification de l'homme — de
l'homme d'une certaine culture — temple que
les maîtres d'une civilisation élèvent à leur vertu.
Si indépendant que l'art tende à devenir par la
suite, si séduisant qu'il se fasse par la richesse de
ses perfectionnements et de son éclat propre, si
tenté qu'il puisse être un jour de se diviniser lui-
même — il ne doit pas oublier sa signification
première, sous peine de perdre son point d'attache
et sa solidité. L'homme, une certaine sorte de
grandeur et de perfection humaines, voilà donc le

thème fondamental de l'art, son centre et sa
mesure, voilà l'art comme chose de civilisation.
L'art est l'épanouissement de la morale, de la
morale des maîtres, la fleur qu'elle arrive enfin
à produire. Une certaine qualité d'art comme elle
est une certaine qualité de morale, au grand sens
du mot : un style. Là où un style règne, n'éprouve-
t-on pas jusqu'à l'évidence que des maîtres ont
passé »

Toute morale, dit Nietzsche, est, par opposition
au *laisser-aller*, une sorte de tyrannie contre la
« nature », aussi contre la « raison » : ce n'est cependant pas encore une objection contre elle, si ce
n'est que l'on veuille décréter soi-même, de par
une autre morale quelconque, que toute espèce de
tyrannie et de déraison sont interdites. L'essentiel
et l'inappréciable, dans toute morale, c'est qu'elle
est une longue contrainte ; pour comprendre le
stoïcisme, ou Port-Royal, ou le puritanisme, il faut
se souvenir de la contrainte qu'il fallut imposer à
toute langue, pour la faire parvenir à la force et à
la liberté, contrainte métrique, tyrannie de la rime
et du rythme. Quelle peine les poètes et les orateurs
de chaque peuple se sont-ils donnée, — sans excepter
certains prosateurs de nos jours, qui ont dans l'oreille
une inflexible conscience, — « pour une absurdité »,
comme disent les maladroits utilitaires qui se croient
avisés, — « par soumission à des lois arbitraires »,
comme disent les anarchistes, qui se prétendent ainsi

« libres », — libres-penseurs même ! C'est, au contraire, un fait singulier que tout ce qu'il y a, ou
tout ce qu'il y avait sur terre de liberté, de finesse,
de hardiesse, de légèreté, de sûreté magistrale, que
ce soit dans la pensée, ou dans la façon de gouverner,
dans la manière de dire ou de persuader, dans les
arts comme dans les mœurs, ne s'est développé que
grâce à « la tyrannie de ces lois arbitraires » ; et
sérieusement, il est très probable que c'est précisément cela qui est « nature » et « naturel » — et
nullement ce laisser-aller... Le principal « au ciel
et sur la terre », semble-t-il, pour le dire encore une
fois, c'est d'*obéir* longtemps et dans une même direction : il en résulte toujours à la longue quelque chose
pour quoi il vaut la peine de vivre sur terre, par
exemple, la vertu, l'art, la musique, la raison,
l'esprit, — quelque chose qui transfigure, quelque
chose de raffiné, de fou et de divin.

(*Par delà le Bien et le Mal*, trad. L. Weiskopf
et G. Art, page 104).

VII

Hostile aux maîtres et jalouse de leur inimitable vertu, la morale servile sera nécessairement
ennemie de la civilisation et de l'art qui les
glorifient, du style qu'ils ont fondé. Elle n'a
rien plus à cœur que de ruiner des palais. Elle
n'est pourtant pas le vandalisme. Les Vandales
sont des maîtres par leur sauvagerie même, — au
moins de la graine de maîtres. (¹) De plus, ce que
l'esclave moralement révolté hait et envie, ce
n'est pas la richesse et l'éclat extérieur des aristocraties, c'est un bien infiniment plus précieux :
leur privilège spirituel, leurs titres humains. Il
ne s'agit donc pas, pour lui, de saccager, mais de
déprécier, de flétrir. Les révolutions des esclaves
par la morale peuvent être appelées d'immenses
entreprises de déconsidération.

(¹) Voilà de ces outrances littéraires que je laissais passer trop
innocemment, En France, elles sont sans danger. Mais songez à
l'effet qu'elles peuvent produire sur le cerveau des incendiaires
de Louvain.

Les Juifs, écrit Nietzsche, peuple « né pour
l'esclavage », comme le disent Tacite et tout le
monde antique, « peuple choisi parmi les peuples »,
comme ils le disent et le croient eux-mêmes, les
Juifs ont réalisé cette merveille du renversement
des valeurs, grâce à laquelle la vie sur terre, pour
quelques milliers d'années, a pris un attrait nouveau
et dangereux : leurs prophètes ont fondu ensemble
les termes « riche », « impie », « méchant », « violent »,
« sensuel », pour frapper pour la première fois le
mot « monde » à l'effigie de la honte. C'est dans ce
renversement des valeurs (dont fait partie l'idée
d'employer le mot « pauvre » comme synonyme de
« saint » et d' « ami ») que réside l'importance du
peuple juif : avec lui commence l'insurrection des
esclaves dans la morale. (*Ibid.*, p. 113.)

On le voit : si Nietzsche se montre épris, jusqu'à
un étrange degré de passion qui est son génie
même, de toutes les belles formes d'ordonnance
sociale, politique ou esthétique que l'histoire nous
présente et que les esclaves ont minées, si ces
magnifiques réussites lui apparaissent comme le
but de la terre, il ne s'ensuit nullement qu'il juge
la morale servile sommairement, en grand seigneur,
par l'inintelligence hautaine et le dédain. Il dirait
presque qu'elle est, des deux, de beaucoup la
plus intéressante, la plus tentante pour le psychologue, la plus complexe, la plus riche en nuances.

Assurément elle est la plus « intérieure » et la plus
intellectuelle ; car, au contraire de la morale
aristocratique qui recherche le grand jour, modèle
l'homme tout entier, se réalise en œuvres brillantes
et en gestes harmonieux, celle des esclaves naît
et grandit dans le secret des âmes. C'est là qu'elle
opère. Son action est invisible. Ses voies sont
sombres et souterraines ou, si l'on préfère, spirituelles.

C'est une observation presque banale que rien
ne développe chez un homme une intensité plus
passionnée de réflexion et de critique, ni de plus
obscures puissances de rêverie, que de porter dans
une condition servile un orgueil et des prétentions
de maître. La souffrance qu'il en éprouve ne peut
trouver d'adoucissement que s'il parvient à se
représenter son humiliation comme un scandale.
Or, ce résultat suppose un travail mental qui
n'est pas chose simple. Car, en dehors du fait
matériel et des signes extérieurs de la dépendance,
dont on pourrait se consoler facilement, il y a la
supériorité psychologique que le moins intelligent
des maîtres garde pour les mœurs, pour le discernement rapide et sûr de tout ce qui y touche, sur
le mieux doué des hommes marqués pour servir.
Celui-ci peut l'emporter par tel ou tel talent

particulier ; mais il reste chez l'aristocrate quelque
chose d'inimitable, un art très sûr d'assigner leur
vrai rang aux choses et aux personnes, de les
estimer d'un point de vue plus libre et plus haut
que toutes les considérations d'utilité spéciale et
de mérite relatif, d'un pur point de vue de style
et de goût. L'aristocrate est le dépositaire né des
acquêts les plus précieux et les plus impalpables
de la civilisation. On peut être meilleur logicien,
meilleur grammairien, meilleur astronome que lui,
mais on est un moindre civilisé, on est d'une
moindre qualité humaine. C'est cette vérité qui
blesse l'esclave : car son propre sentiment l'en
avertit de façon bien plus irrécusable et cruelle
que le fait — tout matériel — de sa domesticité.
Même devenu maître par un bouleversement de
l'ordre social, il la reconnaît et en souffre encore.
C'est la pointe enfoncée dans son amour-propre
dont il brûle de se débarrasser à tout prix.
Comment ? Il ne peut rivaliser d'aisance, de
liberté, d'eurythmie, d'humanité avec les maîtres.
Un seul moyen lui reste : convaincre le monde
que, dans leur grandeur, les maîtres sont vils et
que, dans leur avilissement, les esclaves sont
grands, que les apparences mentent, qu'il y a
une autre beauté que la beauté visible, d'autres
vertus que les vertus triomphantes, une autre
gloire que la gloire, une autre force que la force,

une autre mesure de la noblesse humaine que celle
devant laquelle s'inclinent l'imagination et les
sens, misérablement éblouis. Ainsi, la rancune de
l'esclave, sa soif de vengeance et de primauté lui
suggèrent cet artifice grandiose : en appeler de la
réalité matérielle et visible à une réalité invisible
et immatérielle. La terre donne tort aux esclaves.
Selon la terre, ils sont impies ; car les œuvres de
la civilisation sont l'ornement et l'honneur de la
terre. Il faudra donc qu'ils tirent leurs arguments
d'ailleurs que de la terre pour mettre le bon droit
de leur côté. Comment flétrir et déshonorer, dès
ici-bas, la superbe et la puissance des maîtres, si
ce n'est au nom d'une autre vie — non plus
passagère, mais éternelle, dont l'ordre sera le renversement de l'ordre terrestre et où les déshérités
seront les élus ? Le Paradis et tous les au-delà
ont été conçus par la rancune, l'orgueil et la folle
espérance des esclaves. (¹)

Arrêtons-nous un instant avec Nietzsche devant
cette falsification prodigieuse et songeons à ce
qu'elle implique de ruse, d'ingéniosité raffinée, de
moyens sophistiques. Que sont les découvertes

(¹) Tout ce qui dans les idées exposées ici apparait comme
une allusion au christianisme doit être compris et apprécié
d'après ce qui est dit dans ma nouvelle préface de l'origine des
idées anti-chrétienne de Nietzsche,

d'un Copernic ou d'un Colomb, ces empires gagnés
sur une étendue que les yeux voient ou que les
pieds foulent par des intelligences affamées de
réalité, à côté de cette conquête d'un monde invisible et impalpable, de cette formidable captation
et organisation du néant dans laquelle se lancent
des âmes ivres de souffrances et d'orgueil ? Non
seulement inventer un monde, mais le rendre si
croyable que les cœurs mêmes qui n'en connurent
pas le besoin doutent s'il ne serait point vrai et
n'y pensent point sans vertige ! Persuader à
l'homme que ce monde ne lui est pas étranger,
mais qu'il le porte en lui-même, qu'il y participe
par une immatérielle essence ! Plus encore : cet
au-delà, d'où personne pourtant ne revint jamais
annoncer de nouvelles, le célébrer, le glorifier
avec un enthousiasme sans vergogne, avec une
divine impudence ! Le parer d'une dignité incom-
parablement supérieure à celle de la terre, afin
de ravaler la terre et tout ce qui est d'elle, par
la comparaison ! Ce n'est rien que de haïr. Et il
n'est pas difficile de crier que la vie est méchante
et diabolique quand on est un vaincu et un manqué
de la vie ! Mais faire taire sa rancune, étouffer
des cris qui seraient un aveu, attireraient le mépris
et le courroux des forts, perdraient à jamais la
cause de l'esclave, et se réserver pour une vengeance
profonde ! Tourner lentement la civilisation et

déposer dans la source où elle s'alimente, dans la
conscience et l'énergie des maîtres, un poison
mortel qui les paralysera : le souci de l'invisible,
la terreur d'être mauvais et stérile peut-être, là
où on se sentait fécond, heureux et juste ! S'élever
contre un ordre de grandeur et de justice terrestre
qu'on ne peut souffrir (parce qu'il est une insulte
sereine à l'indiscipline et à l'anarchie), non pas
d'une façon sincère, pitoyable et basse, au nom
de la vanité blessée — mais d'une façon douce-
reuse et sévère, les yeux levés au ciel, au nom
d'un ordre de justice et de vérité supra-terrestres !
Et pour cela construire tout un mécanisme d'idées
et de démonstrations abstraites d'où découlera la
réalité d'un tel ordre et sa supériorité ! Voilà
qui n'est pas petit ! Voilà bien le génie « de la
destruction » et le grandiose du travestissement !
La vraie révolution des esclaves n'est pas l'œuvre
de la violence, mais celle de l'esprit. A ce titre,
elle ne peut se produire que dans un état de culture
très avancé. Elle suppose derrière soi tout un
passé de réflexion et de spéculation.

VIII

Or il se trouve qu'une civilisation artiste est
contrainte de procurer l'éducation philosophique
des esclaves et de leur mettre ainsi entre les mains
l'instrument avec lequel ils la ruineront. Plus elle
se perfectionne, plus il lui faut d'hommes qui la
servent non pas avec leurs mains, mais avec leur
cerveau ; plus relevés et plus difficiles sont les
services intellectuels dont elle a besoin. Bref, la
science — dans la plus grande étendue du mot —
devient une fonction indispensable de l'ordre
social. Elle est sans doute la première et la plus
honorable des fonctions de subordonnés. Mais elle
est une fonction de subordonnés. Nietzsche y
tient et il ne se dissimule pas qu'une telle propo-
sition est bien faite pour scandaliser une époque
où les « savants » règnent et donnent le ton. Elle
paraîtra anti-civilisée au premier chef. Ne nous
ramène-t-elle pas à ces temps où il ne convenait
pas que les rois sussent signer ? Mais elle dépend,
sans doute, dans la pensée de Nietzsche, d'une

vérité plus compréhensive, à savoir : que tout emploi spécial, toute utilité limitée et définissable sont, — en un sens nullement péjoratif du mot, — serviles, c'est-à-dire regardent les serviteurs. Or, les sciences sont des spécialités. Il y faut du génie. Qu'importe ? Est spécialité tout emploi de l'intelligence qui ne se rapporte pas immédiatement à la morale, à l'homme. Les maîtres n'ont pas de spécialités parce qu'ils ont la charge des mœurs. Et cette charge devient d'autant plus lourde, demande d'autant plus de finesse et d'énergie que précisément les progrès de l'érudition — en éclairant l'humanité sur l'origine des traditions religieuses ou sociales, menacent de la rendre impatiente de toute discipline, ou que les conquêtes de l'expérience, en accroissant son empire sur la nature, bouleversent les conditions matérielles de son existence. Car il ne suffit pas que l'utilisation de la vapeur soit découverte ni que des locomotives soient construites. Il faut aussi que ces monstres ne stupéfient pas l'homme par leur énormité, ne le rapetissent pas par leur voisinage, qu'il apprenne au contraire à s'en servir pour être encore plus libre. Voilà ce à quoi les physiciens et les ingénieurs ne songent guère, et c'est, en effet, souci de maîtres. Les maîtres manqueraient donc à leur office essentiel en s'enfermant dans des laboratoires ou des bibliothèques. Comment conci-

lier le devoir d'une attitude modèle avec l'obliga-
tion de rester penché sur des cornues et des grimoires ? Et, au surplus, d'où viendrait le dédain
unanimement attaché à la qualification de spécialiste, si ce n'est de ce sentiment profond, que le
succès, la grandeur même dans une spécialité
suppose des vertus ou, si l'on veut, des défauts
incompatibles avec une certaine aisance noble de
la personne, avec une moralité supérieure ? Notre
siècle, qui pousse jusqu'à l'idolâtrie le culte des
grands spécialistes, confesse son propre errement
en leur attribuant, par une phraséologie creuse,
mais bien significative, je ne sais quel sacerdoce
général. (¹)

Malheureusement la pratique des hautes spécialités développe un genre d'intelligence qui menace
de se tourner en agent de dissolution et de ruine,
si l'usage n'en est pas modéré, contenu en de justes
limites par le sens des mœurs et par le goût. Elle
exige une grande perfection dans l'art de définir,
d'expliquer, de généraliser, de déduire. Art précieux, mais dangereux, quand il ne se subordonne
à rien, quand il n'est pas averti de certaines choses
sur lesquelles il ne doit pas entreprendre. Imagi-
nons-nous, dans les commencements de la statuaire

(¹) Voici un ordre d'idées dans lequel on peut entièrement sym-
pathiser avec Nietzsche et qui n'a pas de solidarité avec ses
frénésies antichrétiennes et anti-métaphysiques.

grecque, un praticien qui, à force d'équarrir des pierres pour un sculpteur, eût découvert les premiers principes de la géométrie et de la mécanique. Il lui eût fallu un très sérieux respect, un amour bien fin de la beauté des Apollons et des Dianes pour ne pas se croire, par la possession de ces « vérités », bien au-dessus de l'artiste qui les ignore, — pour ne pas mettre au premier rang ce qui est au second. Le grammairien, qui sait rendre un compte minutieux des merveilles du langage et en voit le comment, risque d'oublier qu'il n'a, en comparaison avec le poète, sans qui ces merveilles ne seraient pas, que des vertus de domestique. En général, il y a danger que ceux qui ont pour fonction d'expliquer, de tirer les conséquences, s'enivrent de leur compétence spéciale jusqu'à ne plus mesurer l'étendue qui les sépare de ceux qui créent, qui osent, qui ont pris et portent les souveraines responsabilités. Ainsi l'habitude de démêler dans les cas obscurs les indications de la coutume et de comparer les droits, donne au juriste, avec une aptitude à la démonstration et à la justification tout à fait étrangère aux aristocraties (il n'y a rien de moins aristocratique que de vouloir toujours justifier ce qu'on est, ce qu'on fait), une habileté de dialectique par laquelle il peut prouver l'absurdité des plus beaux usages, d'institutions glorieuses et en pleine force : jeu de

sophistique où il sera tenté de s'essayer, s'il perd
de vue ou bien s'il n'est pas apte à goûter la qualité
de civilisation dont est dépendante sa mission
particulière. Les magistrats de l'ancienne monar-
chie française, nourris pourtant aux meilleures
lettres et à la merveilleuse dialectique de Rome,
nous donnent à cet égard un admirable exemple.
Grâce à leurs hautes mœurs, ces serviteurs nous
font aujourd'hui l'effet de maîtres. S'ils sont
grands par la fermeté et la lucidité de la raison,
ils sont uniques par une intelligence bien supérieure à la raison raisonneuse. Quand un homme
est rompu au maniement des idées et des mots,
il lui faut en effet une éducation du jugement tout
à fait rare et en tout cas venue d'autres sources,
pour s'attacher fortement à la beauté et à la justice
propres d'une institution sociale donnée, et résister
aux attraits de cette justice et de cet ordre possibles, qui se laissent si bien déduire de quelques
notions absolues prises pour principes. Aristote,
qui semble avoir de son temps réuni toutes les
compétences particulières et qui avait, pour ainsi
parler, le génie des principes en toutes choses, est
le type le plus élevé de ce bel équilibre. L'esprit
fut assez fort et surtout assez libre en lui pour
modérer l'esprit et en régler l'usage. La métaphysique elle-même ne lui fit pas perdre pied et, à la
lumière de l'ordre universel tel qu'il l'imagina,

l'ordonnance de la cité grecque parut plus belle
et plus raisonnable, tant ses plus hautes spécu-
lations en étaient en quelque sorte imprégnées.
Socrate, au contraire, c'est le raisonneur de la
plèbe, le dialecticien effréné dont le génie, privé
de la substantielle nourriture des mœurs, se grise
des idées pures et sème, avec un mélange d'inno-
cence et de malice, les prémisses de toute anarchie.

Socrate peut être pris comme le type le plus
imposant de l'idéologue anarchique. La mauvaise
idéologie se produit, quand des esprits originaux
peut-être, mais sans discipline et sans qualité,
se mettent à raisonner abstraitement sur la
matière des mœurs et du goût — à juger de points
de vues généraux, ce qui est essentiellement particulier, unique. Elle consiste à réclamer des justi-
fications théoriques de ce qui ne peut se justifier
que par la beauté et la saveur de ses fruits. Elle
sent la plèbe. Au fond, cette prétention de mettre
à tout prix de la raison, de l'absolu dans la morale,
a pour fin secrète de ruiner le privilège moral de
l'aristocratie. Tout le monde n'est-il pas égal
devant la raison, également apte à juger d'une
déduction correcte ? L'idéologie fait tout le monde
juge des mœurs, elle introduit la foule dans les
palais.

L'idéologue est un spécialiste débauché, un
homme qui, marqué pour quelque fonction intel-

lectuelle dépendante, ne se contenterait pas d'y être supérieur, et se laisse abuser par la puissance de ses facultés mentales jusqu'à n'avoir plus conscience de leur caractère secondaire et servile. C'est un serviteur qui a perdu les mœurs, lesquelles consistent pour lui dans le respect. En cessant de respecter ce qu'il devrait servir, il cesse de se respecter lui-même comme servant. Il prend honte de lui-même. Par là il devient esclave. Et il conçoit le grand dessein de vengeance des esclaves. Désormais, sa force de raisonnement ne va plus s'exercer sur des questions utiles et subordonnées, mais sur toutes questions humaines et divines. Sa passion de généraliser ne connaîtra plus de bornes. Il devient le grand réclameur de titres et de pourquoi, l'homme de la raison pure, le maniaque de l'idée, de l'absolu.

IX

Telle est la « mentalité » servile. Merveilleux instrument pour les desseins de l'esclave contre la civilisation. Des cœurs blessés par tout ce qui a forme sous le soleil se trouvent en complicité merveilleuse avec des cerveaux qui ne se représentent plus le vrai que dans l'abstraction de l'idée. Cette alliance d'une sensibilité offensée par la terre et douloureusement avide du néant de l'au-delà, avec une intelligence dépersonnalisée, coupée de toute communication avec les sens, l'énergie, le corps — engendre la folie de l' « Esprit pur ». L'esprit pur ! écoutez bien ces mots, l'invention la plus raffinée de l'esclave — ces mots qui ont plus fait pour la ruine de la cité antique, que la torche du barbare. Ecoutez-les en psychologue, et percevez tout ce qu'ils étouffent de pâle haine sous leur inoffensive apparence de préciosité métaphysique ! La morale des esclaves, c'est la revanche de l'Esprit pur.

« La révolution des esclaves dans la morale,

écrit Nietzsche, commence *lorsque le ressentiment devient créateur.* »

Qu'elle condamne la méchanceté des royaumes de la terre au nom d'un royaume de Dieu destiné à se réaliser, à recueillir tous les bons, tous les purs à la fin des temps, ou seulement au nom d'un ordre idéal de justice inscrit dans la conscience humaine — en d'autres termes, qu'elle s'enveloppe de mythologie ou de philosophie, la morale servile ne change pas de méthode. Sa visée reste la même. Son procédé aussi. (Il consiste toujours à falsifier des faits, à en dénaturer la couleur et la signification par des dénominations abstraites et métaphysiques.) De la sorte, tout ce dont l'esclave souffre ou est impatient — et au premier chef sa qualité servile — se trouve transformé en scandale pour le cœur et la raison, apparaît comme une insulte à Dieu lui-même. En même temps les ressentiments et les vœux de l'esclave se dépouillent de leur caractère sombre et jaloux pour recevoir une auréole de désintéressement et de religion. Ils n'expriment plus la soif de vengeance de l'être indiscipliné et faible, irrité par le sentiment de sa propre anarchie et par ce manque d'aisance, de liberté, de souveraineté intérieure qui l'exclut des sommets lumineux de la civilisation. Ils deviennent la sublime inspiration de l'homme pieux dont les regards dépassent les courts horizons de la cité terrestre et se lèvent vers une éternelle justice.

Le servile s'appelle l '« Opprimé » ; opprimé, il l'est, en effet, de la pire façon, parce qu'il se sent vil et se hait lui-même, parce qu'il ne s'estime pas assez pour servir sans un sentiment de déchéance. Mais voyez l'effet redoutable de cette majuscule, de ce grand mot isolé, de ce silence sur la cause et le genre de l'oppression ! Il semble que la responsabilité en retombe sur la terre entière et qu'il ne faudrait pas moins qu'un bouleversement total pour y mettre fin. — L'Opprimé est le Juste. Et la hiérarchie non pas seulement formelle et sociale, mais encore plus réelle et psychologique d'où sa condition résulte : — l'Iniquité. — De misérables timidités, de sottes innocences, des impuissances niaises, se promeuvent à une céleste dignité et se haussent à je ne sais quel état de pureté transcendante sous le nom d'Idéal.

Cette résolution dans l'action, qui naît de la certitude qu'on agit droit, qu'on sait ce qu'on veut et qu'on le payera ce qu'il faut, est rabaissée au niveau de la simple brutalité sous le nom de Force. Dans la bouche de l'esclave (qui ne comprendra jamais que toute force créatrice est force sur soi-même d'abord, est morale), ce mot devient une injure. A cette abstraction, on oppose cette autre : le Droit. Mais ce Droit devient lui-même entre certaines mains une force, toute négative, il est vrai, et décourageuse des entreprises de l'Energie. Enfin, comme tout ce qui offense l'esclave a son principe dans les différences que la nature indique, mais que l'effort dur et artiste, la discipline sévère des privilégiés, va accentuant et légitimant sans cesse entre les individus, les peuples et les races — la morale servile s'est élevée jusqu'à l'idée d'on ne sait quelle essence pure et absolue de l'Homme, présente dans le plus humble comme dans le plus glorieux, au regard de laquelle toutes les humaines inégalités apparaissent comme autant d'absurdités et de vivants blasphèmes.

Ce n'est donc pas par des violences destructives, mais en falsifiant les idées, en corrompant les intelligences, que la philosophie servile travaille à ses fins. Elle est, en ce genre, d'une fécondité et d'une ampleur d'invention singulières. A toute conception, à tout sentiment particulier et caractérisé d'ordre politique ou social, d'honneur et de dignité privée, de beauté artistique, elle s'efforce de substituer des notions universelles qui, en se faisant accepter de tous les hommes demi-réfléchis, de la majorité, par les airs de grandeur qu'elles ont incontestablement pour elles, et les apparences de vérité absolue qu'elles doivent à leur abstraction même, amènent à mépriser, comme œuvres de la convention et de l'arbitraire, jusqu'aux

plus magnifiques formes de civilisation, de sociabilité et d'art qui aient brillé dans l'histoire et les
rend surtout impuissants à en rêver, à en chérir
de nouvelles. Admirable façon de dévoyer et de
griser les esprits et les cœurs que de leur tendre
ainsi l'appât de l'absolu. Merveilleux moyen de
stériliser les activités que de les lancer à la poursuite de l'inattingible. La philosophie servile
semble n'élever l'homme au-dessus de tout idéal
borné de nation ou de race que pour lui ouvrir des
horizons illimités. Elle lui fait prendre en dégoût
les devoirs, les enthousiasmes, les points d'honneur,
les maximes de civisme et de loyalisme, les sensibilités artistes, toutes ces marques intérieures de
noblesse qui, comme Athénien, Romain ou Français, le distinguaient du barbare et de la plèbe.
Elle le persuade qu'il ne relève raisonnablement
que de Dieu et de la nature. Par là, elle donne une
valeur mystique à tout le monde. Méfiante et
haineuse, en général, de toute ordonnance, de toute
norme, de tout style, il faut qu'elle aille jusqu'au
bout de son dessein, et glorifie l'amorphe, lui
constitue une dignité. Elle le nomme l' « Infini ».
Comment résister au vertige de l'Infini ? Ennemie
du Temps, — du Temps qui, par la rapidité de
sa fuite, donne la fièvre aux forts, les stimule à
des créations durables — elle gagne la pensée de
l'homme à l'illusion d'une réalité qui ne passe‑

rait point, et l'immobilise dans le souci de l'Eternel...

L'Eternel, l'Infini, l'Intemporel, l'Impersonnel, images grandioses et vides, que la philosophie servile fait miroiter sur le gouffre du rien. La révolution des esclaves soulève, par-dessus les palais de la civilisation, une poussière qui empêche d'en discerner les belles lignes. Dans cette poussière, la philosophie des esclaves dessine de monstrueux et fuyants fantômes, divinités gigantesques du néant (¹).

_____

(¹) Il y a quelque chose de grand, de généreux, disons mieux, d'essentiellement vrai dans ce culte des belles civilisations et de tout ce qu'elles créent dans le domaine des arts. Mais l'effort du génie humain pour vaincre le temps ne s'expliquerait pas sans sa foi implicite a quelque chose d'absolu et d'éternel.

X

Il y a un art qui correspond à cette philosophie :
le Romantisme. L'art classique est l'art des
maîtres.

Négatrice et contemptrice de la Terre, on a vu
de quels dehors la philosophie servile pare son
nihilisme, et on comprend la séduction qu'elle
doit exercer sur l'élite des générations de décadence. Il semble qu'elle représente, en toute
question, la thèse libre et généreuse, qu'elle ne
ruine les cités particulières que pour rendre possible
une cité humaine universelle, qu'elle fasse passer
sur les décombres des civilisations le vent purifi-
cateur de la Nature. Elle met la foi et l'ardeur de
son côté. Elle éveille des espérances obscures,
mais énormes. Elle annonce de grands commencements. En détachant la partie pensante des
peuples de toute discipline, de toute tradition, on
dirait qu'elle ramène l'humanité à la fraîcheur des
origines. Elle est une source de lyrisme. Elle
suscite ses poètes et ses prophètes, lesquels,

affranchis de toute loi particulière de tenue et de
beauté dans leurs imaginations, en éprouvent tout
d'abord une impression de libération et de rajeu-
nissement. Le romantisme naît de l'enthousiasme
provoqué par les idéaux vides, mais grandioses,
de la philosophie servile chez des hommes dont
c'est l'ardent et secret besoin d'échapper, à tout
prix, au sentiment cruel de la décadence qui, par
eux, s'accomplit.

Le premier romantique, c'est Rousseau, celui
des génies modernes en qui la morale des esclaves
a atteint son plus haut degré d'ébullition. Chez
Rousseau on surprend le passage des rancunes et
des sensibilités de l'esclave à l'idéologie qui va les
magnifier en dogmes, en vérités de raison et de
sentiment. Il y a de la malice dans Rousseau,
malgré qu'il s'enivrât tout le premier des fumées
de cette transmutation. Après Rousseau, les
romantiques se plongent et nagent innocemment
dans l'océan de la Nature, de l'Infini, de l'Universel,
de l'Originaire. Ils n'ont plus le caractère équivoque
et sombre de leur père, si soupçonneux parce qu'il
prêtait lui-même à tant de soupçon. Sont-ils cependant si naïfs et si purs ? Vigny, par exemple,
dans sa tour d'ivoire ? Il y aurait une jolie psychologie, une fine classification des grands romantiques
à faire, d'après ce qui s'est mêlé à leur religieuse
inspiration d'anarchique amertume, d'esprit de

vengeance contre les formes ordonnées et les
bonnes mœurs. Nietzsche souligne ce trait commun
à la plupart d'entre eux : l'affectation de sentiments grandioses, l'impudeur à s'attribuer de
sublimes émotions. Signe de natures sans mœurs
et que le sentiment d'en manquer fait souffrir,
enfièvre.

Dans la morale des maîtres, nous l'avons vu,
les vertus exigées de l'homme se rapportent à
une fin « désintéressée » éminemment, mais
concrète et particulière. C'est, par exemple, à
Rome, la grandeur et la pérennité de la cité
romaine. Rien n'est plus étranger à cette morale
que l'idée d'un Homme absolu, d'une nature
humaine absolue.

Or, ceci se laisse exactement appliquer à l'art.
Dans un art de civilisation — un art classique —
il est aussi des mœurs, à savoir : les règles dans
lesquelles l'expérience de plusieurs générations
d'artistes a, non pas du tout donné les moyens
de bien faire, mais fortement tracé les limites en
delà desquelles on ne saurait rien produire d'excellent, de solide. Ce sont les grandes formes épiques,
dramatiques, lyriques, narratives (pour nous en
tenir aux arts littéraires) qu'elle a patiemment
construites, découvertes au prix de ses errements
mêmes, pour l'usage de siècles plus heureux.
Quand ces règles et ces formes règnent, le mérite

d'un artiste est jugé, non selon la fidélité, mais
selon l'aisance avec laquelle il les observe et les
réduit au service de son génie propre. L'idée d'une
« inspiration » personnelle, sortant de la nature
toute armée comme une Minerve, c'est-à-dire
capable de se créer par une espèce de coup divin
tout un organisme de moyens d'expression adaptés
et puissants, ou seulement empruntant plus à
soi-même qu'à la tradition — cette idée (bien
romantique, n'est-il pas vrai ?) eût paru en des
temps classiques, non seulement un scandale, mais
une chimère.

Le fond du classicisme, c'est que, si les règles
ne valent rien sans le génie, il y a cependant en
elles plus de génie que dans le plus grand génie.
Ce trait ne montre-t-il pas bien que l'excellence
dans l'art est de même nature que l'excellence
dans les mœurs ? Quand celles-ci ne correspondent
plus aux âmes, tout ce qui y paraît encore de
noblesse et de liberté n'est sans doute que forma-
lisme. Et cependant il y a plus de moralité dans
la tradition des mœurs que dans l'instinct individuel de la plus belle âme.

Les vrais créateurs d'art sont ceux chez qui
l'esprit des grandes formes esthétiques atteint son
plus haut degré de conscience et de puissance.
Gœthe lui-même, que l'on vit adopter successi-
vement la forme du drame shakespearien et celle

de la tragédie grecque, souffrit de l'errance, de l'incertitude perpétuelle à quoi l'absence de hauts canons esthétiques valables pour son temps et son pays le condamnaient dans sa production. Son expérience lui fournissait la substance de chaque œuvre. Mais qu'est la substance sans l'ordre qui la met en valeur, la rend claire et majestueuse, l'amplifie jusqu'à une portée universelle ? Il était contraint d'essayer, de recréer artificiellement les formes d'ordonnance d'une autre humanité, de se faire Grec. Ainsi dans une époque sans traditions, certains hommes peuvent souffrir de ce qu'il n'existe rien de grand pour élever leurs activités à une signification supérieure. Ils se sentent diminués d'être des intelligences « livrées à elles-mêmes ».

« Ce seront toujours, dit Nietzsche, les natures fortes, dominatrices qui, sous ce joug, dans cette tenue et cet achèvement résultant d'une loi qu'on s'impose à soi-même, éprouveront leurs plus fines jouissances ; la passion qui anime leur très puissante volonté éprouve un soulagement à la vue de toute nature soumise à un style, de toute nature domptée et faite servante ; même lorsqu'ils ont à construire des palais ou à établir des jardins, il leur répugne de donner à la nature libre carrière. — Réciproquement, ce sont les caractères faibles, non maîtres d'eux-mêmes, qui haïssent la tenue du style ; ils sentent que si ce joug si méchant leur était imposé, il ne pourrait que les rendre vils ; ils deviennent esclaves dès qu'ils servent, ils haïssent de servir. De tels esprits — ce peuvent être des esprits de premier rang — n'ont qu'une visée : de se modeler et de se donner à comprendre eux-mêmes et ce qui les entoure, comme *libre Nature* — sauvages, sans règles, fantasques, hors de tout ordre, étonnants... » (*Die fröhliche Wissenschaft*, p. 220.)

Dans les siècles classiques, une œuvre d'art est d'autant plus goûtée qu'elle unit à une plus impeccable pratique, à une science plus profonde des ordonnances traditionnelles, plus de liberté, de jeunesse, d'imprévu, de fraîcheur. Cela est d'une psychologie très sage. Car, à supposer que les règles qui résultent d'une telle exigence soient un peu lourdes et oppressives, on n'en est que mieux assuré, à voir un génie les porter légèrement, qu'il est plein de force et de ressources. Mais, en fait, les formes classiques sont des œuvres d'art générales d'un peuple artiste. Elles signifient les diverses sortes d'arrangement sous lesquelles l'intelligence et les sens de son élite se plaisent le plus à embrasser un sujet et en sont le plus capables. La séduction d'un chef-d'œuvre classique, c'est donc bien moins de nous révéler une personnalité nouvelle ou un sujet nouveau que de nous faire retrouver plaisir à la majesté, à la grâce, aux mystères aussi d'un ordre maintes fois, mais toujours diversement éprouvé. Le romantisme est, en principe du moins, la négation de toute forme consacrée. A y regarder de près, on verrait qu'il n'a été le plus souvent qu'un usage effronté et chaotique de tous les styles du passé à la fois.

Se croyant ou se rêvant d'ailleurs sortie directement des entrailles de la nature, l'œuvre d'art romantique sera condamnée, par une conséquence évidente, à chercher l'intérêt dans la nouveauté absolue. Par quoi donc pourra-t-elle être si nouvelle ? Par le sujet tout d'abord. Trait caractéristique du romantisme : la poursuite de sujets extraordinaires, de cas inouïs, laquelle a pour aboutissant extrême la frénésie de l'anormal.

Mais entre les sujets extraordinaires, il en est un qui les dépasse tous, le sujet des sujets, le sujet sans fond et sans bornes. Comment le nommer ? Dieu, si l'on veut, l'Infini, l'Univers, la nature tout entière de l'alpha à l'oméga. Fils de la nature et de la nature seule, nouveau-nés de l'Infini, les grands artistes romantiques ne se sont pas proposé une moindre matière. Celle-là seule les a hantés, toute autre leur apparaissant trop inférieure à ce qu'ils portent en eux. — Avons-nous besoin de montrer que, bien qu'unique

(puisqu'elle enveloppe tout), elle est inépuisable
et assure inévitablement l'originalité ?

On voit par quelle pente le romantisme, fruit
d'une mauvaise métaphysique, inclinait à accaparer pour l'art l'objet de la métaphysique et de
la religion, à nous donner un art théogonique,
cosmogonique, à inonder l'époque moderne de
conceptions du monde et de révélations, le tout
— en raison de l'arrière-pensée qu'on a comprise
et qui apparaît presque brutalement chez Rousseau, — pour aboutir à quelque mythologie
sociale, à quelque idéalisation énorme de la morale
des esclaves. Cette phraséologie aujourd'hui cou-
rante : que l'art, la philosophie, la religion
expriment la même chose et accomplissent le
même office en trois langues différentes, est pur
romantisme. Pour de véritables artistes, l'art est
l'art, et rien d'autre.

Dans le classicisme, les règles, signifiant les
conditions sous lesquelles le public peut être
artistiquement touché, imposent à l'expression
une certaine tenue ; elles la resserrent dans certaines limites en dehors desquelles celle-ci peut
émouvoir encore et très fortement même, mais
non plus esthétiquement. Il est donc permis de
dire que les règles indiquent la qualité de l'effet
à produire, du plaisir à procurer, et, de plus,
qu'elles la mettent à très haut prix. Mais le roman-

tisme est, par définition, complètement désorienté
à cet égard. Il en résulte qu'il visera, non plus à
la qualité, mais à la quantité, au maximum de
l'effet. Et, s'il y atteint, ce sera fort bien. Mais il
reste à savoir, dit quelque part Nietzsche, sur qui
cet effet s'exerce et sur qui un artiste de ce nom
doit avoir cure d'exercer son action. « Pas sur la
foule assurément ! Ni sur les énervés, les dégénérés,
les malades ! Surtout pas sur les abrutis ! »

L'art véritable agit fortement, mais sans
violence ; il a la décence dans l'enthousiasme ; il
a la clairvoyance et l'équilibre dans l'ivresse ; il
saisit, il terrifie, mais sans oppresser physique-
ment ; il a l'élan, mais sans la frénésie ; le charme
caressant et voluptueux ne lui est certes pas
interdit, mais il l'enveloppe de je ne sais quelle
majesté brillante ; il reste clair et serein jusque
dans l'orageux et le passionné, suave jusque dans
le cruel. Les larmes qu'il fait couler sont des larmes
du cœur. Et c'est par là qu'il est l'art. — Dans
le romantisme, le délicieux devient l'aphrodi-
siaque, le cruel devient le hideux ; la terreur
coupe la respiration, l'enthousiasme et l'ivresse
tournent à l'hystérie ; on appelle noble et majes-
tueux le mastodontal. Ce n'est pas bien admirable,
dira-t-on. Il suffit de forcer la dose ! Justement ;
mais cela même n'est pas à la portée de tout le
monde.

« Fanatique de l'effet à tout prix », de l'intense
pour l'intense — il y a un danger auquel ne pouvait
échapper le romantisme. Et il s'y est précipité
avec une ardeur croissante. Ce danger, c'était de
chercher à provoquer l'émotion par l'abus des
moyens matériels de l'art, de s'adresser violem-
ment aux sens dans la crainte que la pensée et
le cœur ne « rendissent » pas assez. On arrive à
ses fins comme on peut. L'art classique fait pleurer
quand il est vraiment grand : mais ces larmes sont
un mystère ; la communication qui nous est
accordée avec le beau se passe à une altitude où
nous n'avons pas l'habitude d'être. Elle va immédiatement et par en haut au plus intime de nous-
mêmes. Si elle ébranle nos nerfs, c'est secondai-
rement. L'art finit où la secousse nerveuse commence. Mais ne comprend-on pas quel degré de
civilisation, quelles nobles mœurs de l'âme ce
genre d'action suppose ? — Il est d'autres voies
pour accéder au « moral » de l'homme ; ce sont
les yeux, les oreilles, l'épiderme. Le romantisme
les a pratiquées timidement, et non sans réserve
au début, d'une façon de plus en plus exclusive
à mesure qu'il prenait conscience de lui-même et
qu'il entrait dans la faveur du siècle : c'est-à-dire
qu'il est allé raffinant sans cesse sur les appâts
sensuels et la splendeur physique du mot, de la
couleur et du son, jusqu'à faire de la jouissance

d'art une espèce de jouissance de tout le corps à la fois, ce que vous observerez fort bien chez les « wagnériens » et « wagnériennes ». De cette façon, il est évident que l'art « prend » les âmes, mais en les stupéfiant par un vertige sensuel.

Conclusion singulière, mais d'ailleurs bien prévue pour le psychologue ! (Religieux, métaphysique dans l'intention, l'art romantique est grossièrement matérialiste dans l'expression !) Ce Dieu romantique, cet Infini équivoque ne serait-il pas quelque chose comme la somme de toutes les excitations nerveuses ?

Ces traits originaires du romantisme, il resterait à les vérifier sur ses plus grands représentants au xixe siècle. Mais on comprend le principe. Il achèvera de se préciser par les lignes suivantes, capables aussi bien de couronner toute cette étude, car elles en rappellent le thème fondamental.

« Qu'est-ce que le romantisme ? écrit Nietzsche. Tout art, toute philosophie peuvent être considérés comme un secours, un remède réparateur qui s'offre à une vie en croissance et en lutte : ils supposent toujours de la souffrance et des souffrants. Mais il y a deux sortes de souffrants : tout d'abord ceux qui souffrent d'une *surabondance de vie* et qui veulent un art dionysiaque et aussi une vue tragique de la vie ; — puis, ceux qui souffrent d'un appauvrissement de la vie, et qui par l'art

ou la connaissance ne cherchent que repos,
accalmie, délivrance d'eux-mêmes, ou bien encore
l'ivresse, le spasme, l'étourdissement, la folie. Au
double besoin de ces derniers correspond tout
romantisme dans les arts et la philosophie... »
(*Die fröhliche Wissenschaft.*)

XI

La critique de Nietzsche s'est répandue en huit gros volumes sur tous les sujets qui intéressent la philosophie sociale, la morale et l'esthétique. On jugera peut-être que l'intérêt du présent écrit est d'en avoir un peu systématisé les principes inspirateurs.

Nietzsche avait coutume d'écrire ou par aphorismes ou par grands développements séparés et formant chacun un tout. Ses ouvrages sont moins des traités distincts que l'assemblage de toutes ses pensées d'une année, d'une période. C'était, je crois, son goût, sa manière naturelle de concevoir. Une maladie des yeux persistante, en l'obligeant à dicter, lui fit une nécessité de ce mode de composition. On en sait les avantages : c'est la spontanéité entière, la flamme continue de l'accent et la faculté pour le lecteur de prendre et quitter le livre. Nietzsche se met, pour ainsi dire, tout entier dans chaque page. Mais aussi il est indispensable de ne pas rester perdu dans cette forêt de théories et de sentences. Nous avons essayé d'en dessiner les grandes avenues et les carrefours.

Nous avons interprété notre auteur un peu à la manière dont les historiens faisaient parler leurs personnages, en s'attachant à l'esprit et aux intentions plutôt qu'au texte. Méthode qui nous était imposée pour le raccourci que nous voulions obtenir et qui peut tourner parfois à une fidélité plus profonde.

FIN

Mars 1897.

APPENDICE

Des trois morceaux donnés dans cet appendice, le premier est la reproduction d'un article que nous eûmes l'occasion d'écrire pour la *Revue encyclopédique Larousse* sur la position de Nietzsche par rapport à l'esprit français.

Le second est moins le développement d'une idée nietzschéenne qu'un correctif *attique et français* (un correctif dans le sens de l'humanité, de la cordialité générale et de la bienveillance) dont nous crûmes devoir tempérer la doctrine de Nietzsche sur la hiérarchie dans la société. Doctrine juste dans ses principes, mais exprimée parfois avec une impatience rogue, une brutalité tout allemande. Hiérarchie, oui, certes! mais avec la bonhomie des mœurs.

I

NIETZSCHE EN FRANCE

Il y a longtemps que le nom de Nietzsche circule en France. A peine commence-t-on à se douter de ce qu'il signifie. L'excellent livre de M. Lichtenberger (*la Philosophie de Nietzsche*), en excitant la curiosité de quelques « intellectuels », avait eu aussi ce mérite de couper court à des légendes et à des travestissements fabuleux, dont profitait l'instinctive hostilité de beaucoup d'autres. Mais il était nécessaire qu'une bonne traduction achevât d'ouvrir aux Français l'accès d'une doctrine vraisemblablement destinée à obtenir chez eux tant de sympathie. Cette tâche a été entreprise par M. Henri Albert, avec le concours de la société du *Mercure de France*. M. H. Albert et ses collaborateurs font parler à Nietzsche un excellent et brillant français.

Nietzsche est sans conteste le plus grand prosateur de son pays. Le premier, il a introduit dans la prose allemande cette perfection, ce serré qui règnent depuis plus de trois siècles dans la

prose française et en ont fait pendant ce temps la
bonne école, jamais impunément négligée, de l'esprit
européen. Voilà, sans doute, la cause la plus certaine du succès réservé à Nietzsche en France :
son style. Au fond, prose ou poésie, musique même,
c'est la grande vertu intellectuelle du Français
de n'entendre que ce qui est bien écrit, et, entre
les mille formes du mal écrire, de répugner surtout
au mou, au traînant, au diffus, à cette germanique lenteur, faite de conscience intellectuelle
autant que de paresse musculaire, qui s'épand
sans cesse et de tous côtés, pour ne se ramasser
jamais complètement. Nietzsche a resserré la
prose allemande. Il l'a passée au feu. Il l'a desséchée de tous les éléments aqueux qui, jusque chez
Gœthe, la rendent flasque. S'il n'y avait pas
d'écrivain allemand qui exigeât de son interprète
dans une langue étrangère, plus de supériorité,
il n'y en avait pas non plus qui se prêtât à
être traduit dans la nôtre avec plus de bonheur.

I

Nietzsche est un grand admirateur et, à bien des
égards, un disciple de l'esprit français. Il le comprend. Ce trait seul suffirait non seulement pour
le rapprocher de nous, mais pour faire de lui une
rareté, un vivant paradoxe ou, comme il aimait
à le dire, un « contresens parmi ses compatriotes ».
Les Allemands ont pourtant de grandes prétentions à l'objectivité. Parmi les vertus intellec-
tuelles dont ils s'honorent, ils mettent au premier
rang cette native aptitude à entrer en communion
avec le génie et les idées des époques et des races
les plus diverses. Mais on ne voit vraiment pas
qu'à l'exception de trois ou quatre (ainsi le grand
Frédéric, Gœthe, Shopenhauer) ils aient jamais
su apprécier, ni même discerner ce qu'il y a de
plus significatif et de plus inimitable dans notre
littérature. Si ces facultés de divination et de
sympathie leur permettent de participer aux
visions, aux rêves, aux sentiments d'une humanité
encore en enfance, de lire dans l'éclosion de la
poésie populaire, dans le mystère des traditions
et des crédulités naissantes, de ressentir avec
force tout ce qui peint l'inconscient, l'aspiration
nostalgique et confuse — ils se montrent certes
beaucoup moins connaisseurs quand il s'agit de
goûter aux fruits d'or, aux inventions délicates et
inutiles d'une civilisation achevée.

Nous autres, hommes du « sens historique »,
nous avons comme tels nos vertus, ce n'est pas
contestable. Nous sommes sans prétention, désin-
téressés, modestes, courageux, pleinement capables
de nous dominer nous-mêmes, de nous donner, très
reconnaissants, très patients, très accueillants. Avec
tout cela, nous n'avons peut-être pas beaucoup de
goût. Avouons-nous le en fin de compte : ce qui
nous est le plus difficile à saisir, à sentir, à savourer,
à aimer, ce qui, au fond, nous trouve prévenus et
presque hostiles, nous, hommes du sens historique,
c'est précisément le point de perfection, de maturité
dernière dans toute culture et tout art, la marque
propre d'aristocratie dans les œuvres et les hommes,
leur heure de mer lisse, d'alcyonique contentement,
l'éclat d'or, brillant et froid qui apparaît sur toute
chose achevée. Peut-être y a-t-il nécessairement
une opposition entre cette grande vertu et le bon,
tout au moins le meilleur goût. » (*Jenseits von Gut
und Böse*, p. 178.)

Il y a donc des terres choisies où les Allemands
ont été, tant par leurs qualités que par leurs
défauts, empêchés d'entrer. A partir d'une certaine
hauteur, la littérature française leur reste close.
En ce siècle notamment, s'ils l'ont connue, fêtée
tout ensemble et méprisée, dans ses gros articles
de colportage, d'Alexandre Dumas père à Sardou,
ils en ont totalement ignoré les produits fins.

En vingt endroits de ses écrits, Nietzsche a
donné de notre littérature, ou plutôt de ce qu'il y
sent de purement français, une caractéristique

très curieuse dans la forme, très éliminatrice et
élective, au fond très raisonnable. Il la trouve
avant tout aristocratique. Du moins ce mot
résume-t-il assez bien les qualités qu'il en signale
comme les plus précieuses. Et il ne s'agit pas
seulement de ce fait banal, que, depuis la Pléiade,
nos grands écrivains n'ont été populaires ni par
le langage ni par le choix des sujets. Nietzsche
veut dire qu'ils ne se sont proposé d'autre matière
à exprimer, à représenter sans cesse sous des
aspects nouveaux et rajeunis, que celle qui ferait
la principale curiosité d'un aristocrate très intelligent, d'un homme d'entière liberté d'esprit et
de goût suprême, vivant dans une société très
policée, à une époque de paix publique.

Quelle matière intéresserait, entre toutes, ces
personnages. L'étude de l'homme, je ne veux pas
dire l'homme des bois et des cavernes, mais
l'homme civilisé (correctif qu'il n'y avait pas
besoin d'ajouter avant Rousseau), la nature
humaine, telle que l'ont, non pas modifiée ou
déformée, mais bien plutôt dégagée et presque
créée, en faisant des instincts les sentiments et
les goûts, en raffinant, compliquant, intériorisant
les passions, plusieurs siècles de vie nationale et
de sociabilité progressive. — N'est-ce pas là
l'unique thème de tous les bons livres français,
de ceux qui ne pouvaient être écrits qu'en France ?
De là leur caractère à la fois réaliste et choisi ;
ils sont aussi exempts d'idéalisme que de vulga-

rité, deux choses parfois assez proches d'ailleurs.
Née à l'aurore de la plus belle et longtemps la
seule civilisation moderne (le signe le plus certain
d'un beau moment de civilisation, n'est-il pas une
certaine parenté profonde, je ne sais quel grand
air commun entre les plus hautes et les plus
originales intelligences ?), la littérature classique
française est toute vouée à une œuvre de luxe
et de loisir : la peinture, la philosophie des
passions. C'est en ce sens que « l'art pour l'art »
est sa maxime fondamentale. Mais les passions
n'étant belles que par les mœurs, disons que cette
littérature a des mœurs. Elle n'est pas utilitaire,
ce qui signifie ni religieuse, ni moralisatrice, ni
patriotique. Elle est assez dédaigneuse du « sujet » ;
le prestige de la grosse aventure, plus encore celui
des arrière-pensées métaphysiques ou cosmiques
lui sont inutiles. Pour captiver et plaire, elle a
de plus fins moyens : la particularité discrète de
la vision, le dire sobre, ingénieux et neuf. Enfin,
elle est la seule littérature moderne qui eût pu
être comprise par des hommes de tous les temps.

Quand on lit Montaigne, La Rochefoucauld, La
Bruyère, Fontenelle (particulièrement dans les
Dialogues des morts), Vauvenargues, Chamfort, on
est plus près de l'antiquité qu'avec n'importe quel
groupe de six auteurs d'un autre peuple... Leurs
livres s'élèvent par-dessus les vicissitudes du goût
national et de ces couleurs philosophiques dont
scintille et doit scintiller, pour devenir célèbre, tout

livre d'aujourd'hui ; ils contiennent plus de pensées
réelles que tous les livres des philosophes allemands
ensemble, des pensées de cette espèce... qui fait
que ce sont des pensées, et que je suis embarrassé
pour définir ; il suffit, je vois en eux des auteurs
qui n'ont pas écrit pour des enfants ni pour des
enthousiastes, ni pour des vierges ni pour des chrétiens, ni pour des Allemands ni pour... me voilà
encore embarrassé pour finir ma liste. Mais voici
une louange bien intelligible : écrits en grec, ils
auraient aussi été compris par des Grecs. Combien,
au contraire, un Platon lui-même aurait-il pu comprendre des écrits de nos meilleurs penseurs allemands, par exemple de Gœthe et de Schopenhauer !
pour ne rien dire de la répugnance que lui eût
inspirée leur façon d'écrire... Gœthe, comme pen-
seur, a plus volontiers étreint le nuage qu'on ne le
souhaiterait. Et quant à Schopenhauer, ce n'est
pas impunément que son esprit se meut parmi des
allégories des choses, non parmi les choses elles-
mêmes. Quelle clarté, quelle charmante décision, au
contraire, chez ces Français ! Voilà un art que les
plus fins d'oreille parmi les Grecs eussent pu fêter.
Et il est une chose qu'ils eussent vue avec étonne-
ment et adorée, la malice française de l'expression.
(*Menschliches, Allzumenschliches*, Band II, p. 310.)

Je n'ai pas besoin de prévenir le lecteur que,
parmi tous nos écrivains du XIXe siècle, un très
petit nombre continuent la tradition de l'art français, sont français au goût de Nietzsche. La Révolution et le Romantisme n'ont pas renversé,
comme on le prétend, mais corrompu la sensibilité

et l'imagination en France. Ce ne sont pas des
produits nationaux, mais plutôt les dérèglements
et les gestes fous d'une nation fine et nerveuse,
intoxiquée par le pesant alcool d'idées étrangères
à demi-barbares. Tout ce qui, dans les lettres,
en procède, même grandiose, est frelaté, même
génial, est de mauvais goût, se force et ment. Il
faut suivre dans la monumentale cohue de nos
génies littéraires depuis Rousseau, parmi les
piliers de stuc colossaux, surchargés, vaniteux,
emphatiques, dont l'énormité assemble la foule,
la voie de marbre pur et solide, autrefois royale,
aujourd'hui délaissée et presque secrète, mais où
l'on est du moins assuré de cheminer avec les
meilleurs. « Il y a une France du goût, dit Nietzsche,
mais il faut savoir la trouver. » Et ailleurs : « Il
y a toujours eu en France le « petit nombre »
et cela a rendu possible une *musique de chambre*
de la littérature qu'on chercherait vainement dans
le reste de l'Europe », enfin une littérature de
purs psychologues. De tous nos modernes, ne
devine-t-on pas que le préféré de Nietzsche ne
pouvait être que Stendhal, ce Stendhal dont
l'Allemagne hier encore ignorait jusqu'au nom !

II

Ces vues de Nietzsche sur la littérature française
et la vocation intellectuelle des Français sont
éparses dans cent endroits de son œuvre. Il n'en

est pas de plus caractéristiques de son tour de
pensée. Quel accueil trouveront-elles en France ?
Y seront-elles comprises comme un paradoxe ou
comme une leçon qui vient à son heure ? Ne nous
livrons pas au jeu des prévisions. Le lecteur nous
saura sans doute beaucoup meilleur gré, après lui
avoir fait connaître quelque chose des jugements
de Nietzsche sur l'originalité et les traits inimi-
tables de notre nation, de lui présenter les plus
significatives des opinions émises sur Nietzsche du
côté français, l'état de notre critique à l'égard
du Nietzschéisme. Il n'est pas brillant. La gloire
de Nietzsche en France aura eu des commencements assez piteux.

Je ne sais pas dans quelle gazette — « grand
journal » ou « revue jeune », — Nietzsche fut
mentionné pour la première fois. Mais je connais
le nom d'un des premiers admirateurs français
de son génie : Taine. Nietzsche avait adressé à
celui qu'il proclamait « le premier des historiens
vivants » un exemplaire de *Par delà le Bien et
le Mal*. Et sans doute il eut lieu de se sentir compris. Car il pria Taine de le mettre en relation
avec une personne capable de traduire ses livres
et d'initier un peu le public. Taine recommanda
à Nietzsche un homme de lettres qui fait connaître
aux lecteurs de quelques périodiques importants
les nouveautés philosophiques. Une correspondance
s'établit entre Nietzsche et son futur interprète ;
elle doit être bien curieuse ; un jour ce dernier

reçoit une lettre où l'auteur de *Zarathustra* lui révèle qu'il est le Christ et qu'il a été le monde. La même communication avait été faite en même temps à George Brandès, le célèbre critique danois, et aux plus notoires amis que Nietzsche croyait compter en Europe. Nietzsche était devenu fou. Il y a quelque temps, on a pu lire au rez-de-chaussée d'un grand journal le lamentable document, suivi à peu près de ce commentaire : « Voilà le personnage dont on fait à présent tant de bruit. » Enfin les propos de Zarathustra devenaient intelligibles : ils sont d'un paralytique général !

L'idée qu'on s'est faite de Nietzsche pendant les dix ou douze années qui séparent la première apparition de son nom dans nos journaux des premiers propos sérieux publiés sur son compte, fut généralement celle de l'anarchiste et du nihiliste le plus forcené. C'est fort curieux. Non seulement Nietzsche n'est pas du tout ce personnage. Mais il en est l'extrême, le violent antipode. D'une aussi étrange méprise je vois plusieurs causes. La principale, c'est la haine de Nietzsche contre le christianisme. Pour beaucoup de personnes sans instruction (et notamment pour les anarchistes), christianisme, gouvernement, ordre public, code pénal, code militaire, gendarmerie, tout cela ne fait qu'un. Qui ruine l'un ébranle l'autre. Une revue « libertaire », que je crois être — sans pouvoir l'affirmer — l'*Humanité nouvelle,* paraissant alors sous un autre nom, donna la traduction de l'*Antechrist.* Elle prenait l'auteur pour un des siens.

Deux écrivains considérables ont adopté fort décidément cette interprétation de Nietzsche et fait ce qu'ils pouvaient pour la propager. Auteur d'un très beau livre sur le Lied en Allemagne et des premiers jugements raisonnables publiés en France sur Richard Wagner, M. Edouard Schuré ne pouvait manquer de dire son mot sur le grand adversaire du wagnérisme. Il l'a fait avec plus de passion que de clairvoyance. Idéaliste et mystique — très noblement d'ailleurs — romantique également, aussi enclin à croire à toutes les mythologies de la « conscience » et du sentiment que scandalisé, je le crains, par des dieux de marbre — on ne pouvait attendre de M. Schuré une sereine appréciation. Il a traité Nietzsche un peu comme les polémistes cléricaux faisaient Renan, après la *Vie de Jésus*. Ces quelques lignes donneront l'idée de sa thèse :

Il y a dans la vie de certaines âmes de brusques volte-face où, prises d'une haine violente contre l'objet de leur culte, elles brûlent ce qu'elles ont adoré et adorent ce qu'elles ont brûlé. En pareil cas, l'idole renversée n'est qu'une occasion qui fait éclater la vraie nature et jaillir du fond de l'homme l'ange ou le démon. Il y a eu un de ces points tournants dans la vie intime de Nietzsche; ce fut sa rupture avec Richard Wagner. A partir de ce moment, la maladie de l'orgueil qui couvait en lui se développa en proportions gigantesques pour le conduire à un athéisme féroce et jusqu'au suicide intellectuel. (« L'individualisme et l'anarchisme en littérature », *Revue des Deux-Mondes*, 15 août 1895, p. 777.)

Que Nietzsche ait pu être sincèrement désenchanté du caractère, des idées et de la musique de Wagner, et cela pour des raisons qui tiennent à la délicatesse de sa nature morale, à la hauteur de sa philosophie et à la perfection de son esthétique, M. Schuré n'y songe pas un instant. Ce fut une apostasie. Elle éteignit chez Nietzsche « toute la lumière de la sympathie ». Et elle l'entraîna de chute en chute jusqu'au crime.

Ce n'est pas impunément qu'on jette l'anathème aux maîtres auxquels on doit son initiation et ce n'est pas impunément qu'on maudit ses dieux. A partir de ce moment, Nietzsche entre dans un désert d'où il ne sortira plus et qu'il peuplera tantôt des rêves ardents de son orgueil, tantôt *des fantômes troubleurs de sa mauvaise conscience*. Il avoue lui-même sa peur... (*Ibid.*)

Cet athéisme, cette férocité, ce sentiment d'universelle haine que M. Schuré explique par la rupture de Nietzsche avec Wagner, certain professeur d'université allemande les attribue à une rupture aussi, mais différente. Nietzsche, pendant son service militaire, tomba assez malheureusement de cheval et se brisa la clavicule. Cet accident l'empêcha de devenir officier de réserve. Il en ressentit un désespoir et une fureur qui allèrent jusqu'à la frénésie.

Mais le véritable et trop spirituel inventeur du « nihilisme » de Nietzsche, c'est M. T. de Wyzewa.

« Vous prêtez... *finement* vos qualités aux autres ! »
Dans la *Revue Bleue* du 1er novembre 1891,
M. de Wyzewa a publié un article sur *Nietzsche,
le dernier métaphysicien allemand.* Voilà une
erreur : la pensée de Nietzsche tend à dissoudre
toute métaphysique. Je m'empresse d'ajouter que
ce n'est pas, comme il est arrivé trop de fois, à
Kant entre autres, par des arguments qui font ou
qui laissent passer une nouvelle métaphysique.
Selon Nietzsche, ce sont précisément les métaphysiciens qui, par leur labeur à construire un
monde idéal et leur zèle à y faire croire, montrent
tout ce qu'il peut y avoir au cœur de l'homme de
crainte et de méfiance du réel et donnent l'exemple
le plus certain, mais d'ailleurs le plus hypocrite,
du nihilisme. En fait, l'auteur de *Zarathustra* est
beaucoup plus voisin de La Rochefoucauld et de
Stendhal que de Hegel. M. de Wyzewa simplifie
en ces termes la philosophie de Nietzsche : « Au
commencement était le non-sens et le non-sens
venait de Dieu et le non-sens fut Dieu. » Ce
résumé ne s'accorde guère avec la grande estime
que M. de Wyzewa professe pour les opinions
littéraires de Nietzsche, « tout à fait contraires,
dit-il, au génie allemand et conformes au génie
français ». Il a connu Nietzsche à Bayreuth et
l'impression qui lui en est restée est celle d'un
« étrange personnage » — d'un « chat de gouttières ».
— Mais il sera beaucoup pardonné à M. de Wyzewa
à cause de cette phrase : « J'ai trouvé dans

Nietzsche la meilleure histoire de la musique qui
soit. » Avis à nos musicographes.

J'ai hâte d'arriver aux seuls travaux vraiment
sérieux dont Nietzsche ait été l'objet en France.
Le livre de M. Henri Lichtenberger, auquel j'ai
fait allusion, se recommande à toutes les personnes
désireuses de connaître cette philosophie et cette
personnalité, encore énigmatiques, autrement que
par des caricatures ou des apologies. Il est substan-
tiel et clair, inspiré par une sympathie très loyale
pour le maître qui pouvait dire : « Je ne sens pas
en moi une seule goutte de sang malpropre »,
en même temps qu'empreint de la plus fine
réserve. M. Lichtenberger expose dans toute sa
force et son âpreté la pensée de Nietzsche, mais
comme en l'interprétant tacitement par une
sagesse plus calme, ce qui rend son exposition
agréable et vivante et fait son livre personnel.
J'y critiquerais peut-être une tendance à isoler
Nietzsche, à nous le donner comme une nature
très particulière, bien plutôt que comme fauteur
d'un mouvement général de pensée. Sans doute,
Nietzsche est plus exceptionnel encore qu'on ne
saurait le dire. Et ceci devrait refroidir un peu la
jactance « nietzschéenne » de quelques très jeunes
gens, pareils, eux, à beaucoup d'autres. Mais on
peut penser que cette extrême personnalité a seulement permis à Nietzsche de donner un tour très
vif et très surprenant à des idées déjà mûres,
attendues en Europe. M. Lichtenberger ne redoute,

d'ailleurs, nullement l'influence de ce « professeur
d'énergie » qui, chose assez rare parmi ses confrères,
fut une âme droite. Je crois même qu'il fait
des vœux sages et modérés pour que cette influence
s'exerce.

(*Revue encyclopédique*, 6 janvier 1900.)

Dans cette brève nomenclature nous ne préten-
dïons pas du tout donner une bibliographie, mais
relever, pour leur curieuse signification, quelques-
uns des premiers jugements émis sur Nietzsche
en France.

Depuis notre article, a paru (*Revue hebdomadaire* du 23 mars 1901) l'étude déjà mentionnée de
M. Jules de Gaultier sur le *Sens de la Hiérarchie*
chez Nietzsche. En dépit d'un titre qui semble en
restreindre l'objet, mais en réalité s'attaque à
l'idée centrale, cette étude est la meilleure clef
du nietzschéisme que nous ayons. Ce travail est
trop plein, trop abondant en formules décisives
pour que nous le gâtions par une analyse, forcé-
ment sommaire. Signalons seulement que, dans
une conclusion dont la force logique atteint au
pathétique, M. de Gaultier, après avoir observé
que conservateurs et révolutionnaires « voudraient
également tirer à eux cette pensée nouvelle et en
fortifier leur point de vue », s'applique à préciser
l'attitude de Nietzsche à l'égard des uns et des

autres. On se dispute Nietzsche en effet. Ne nous
parlera-t-on pas bientôt d'un Nietzsche anarchiste
et fauteur de tous les excès ? Nous l'avons interprété dans un sens conservateur. Les explications
de M. de Gaultier montreront jusqu'à quel point
nous y étions fondé

II

SUR LA HIERARCHIE

Les Grecs considéraient la cité comme une
œuvre de raison et comme une œuvre d'art. Non
pas que l'utopie les séduisît. Athènes n'eût jamais
pris au sérieux ces vains plans d'organisation
sociale, déduits de quelque idéal tout formé, de
logique et de justice absolues, qui en imposent si
facilement aux modernes. Dans ces phalanstères,
dans ces imaginaires Salentes où notre naïveté est
trop disposée à reconnaître, sinon l'effort d'une
puissante raison constructive, tout au moins le
rêve d'un cœur généreux, loyalement humain, ces
naturalistes n'auraient pu voir que les aberrations pauvrement fastueuses d'intelligences dis-
qualifiées, perverties par l'isolement ou par la
révolte. Platon lui-même mêle à l'idéalité de ses
constructions un fort ingrédient de réalisme.

On sait comment, dans sa République, la raide
et chimérique géométrie du communisme d'Etat

est corrigée par le principe d'une hiérarchie
sociale fondée sur l'inégalité des hommes. En
même temps qu'harmonieuse et complaisante à
l'ordonnance, la conception politique des Grecs
était donc positive et conforme à la nature. Ils se
représentaient la cité parfaite à l'image d'un corps
humain vigoureux et beau. Ces deux sortes d'éco-
nomies leur paraissaient avantageusement compa-
rables. L'existence du corps de l'Etat dépendait
à leurs yeux de la même condition essentielle que
l'existence de l'organisme vivant : savoir, une
hiérarchie de fonctions internes, égales en nécessité, mais non pas en dignité. Platon dit que,
dans la république, les magistrats et les philosophes sont la tête, les guerriers le cœur, les artisans et les laboureurs le ventre. Or, si l'activité
du ventre et des viscères s'emploie toute à la
conservation de la vie physique, il n'en est pas de
même de l'activité de la tête, organe noble, dont
une bonne partie est prélevée par la pensée, l'art,
la philosophie, fonctions de luxe et de loisir. Les
parties viles de l'organisme travaillent donc à la
fois et pour le bien-être du tout — d'où dépend
le leur propre — et pour les plaisirs spéciaux des
parties supérieures. A ce dévouement nécessaire
les premières ne perdent rien, car, incapables de
subsister et de se régler par elles seules, elles ont
besoin de l'harmonie générale, laquelle serait
évidemment compromise si l'organe dirigeant,
sentant se tarir la source de sa nourriture, devenait

inquiet et fiévreux. Pléthorique, le cerveau ne
pense guère, mais émacié, il pense mal, il a des
visions. Ainsi sa bonne alimentation importe au
corps tout entier. Les Grecs comprirent à merveille
l'unité de la matière et de l'esprit dans la nature
humaine. En faisant de l'âme la « forme » du corps,
Aristote marque la relation étroite de la pensée,
de sa qualité, de ses modes avec l'individualité
physique ; l'âme n'est pas un principe absolu,
toujours identique à lui-même, mais un certain
degré de liberté, de sagesse, de clairvoyance, de
générosité, de bonheur, qui caractérise chaque
homme et que le tact apprécie. Doctrine souverai-
nement naturelle, à égale distance d'un matéria-
lisme pesant et de la folie de l'Esprit pur, de
l'Esprit néant. Il n'y aurait qu'à appliquer d'aussi
heureuses intuitions de la réalité humaine au
problème de l'Etat pour concevoir, comme par
enchantement, l'harmonie profonde qui existe
entre les fins d'utilité générale dont le souci
s'impose primordialement au politique, et les fins
de civilisation supérieure, de perfectionnement
humain, dont il a l'amour.

Nietzsche a plusieurs fois écrit qu'un peuple,
une race — à les considérer matériellement, comme
suite de générations, foison d'anonymes, — ne
sont que la matière gâchée par la nature, en travail
de trois ou quatre grands hommes. Peut-être
cette vue trahit-elle chez ce classique et cet
athée qu'est Nietzsche un reste de romantisme,

un goût de sang, de victimes et la manie de
la justification. Pourquoi les grandes âmes, les
royales intelligences, les sociétés choisies, où
s'entretient la fête des délicates et belles mœurs,
ne seraient-elles pas la parure d'une nation
qui ne s'est pas sacrifiée, mais a trouvé son
profit à les produire ? C'est encore une idée
d'Aristote que le plaisir résulte d'une activité
conforme à la nature, ou plutôt qu'il s'y ajoute
comme à la vigueur de l'adolescence sa fleur. On
pourrait dire pareillement que, dans la cité, le
beau s'ajoute de lui-même à l'utile. Quand la
prospérité et l'ordre publics sont assurés par la
collaboration suffisamment bénévole de tous,
quand chaque citoyen, ayant, pour ainsi parler,
la naturel de sa fonction, ne peut que trouver
normal et juste un état de choses qui, en l'y bor-
nant sagement, l'y contient et l'y protège, alors
il est permis à quelques esprits de jouir, alors il y a
place au sommet de la cité pour l'art et pour la
philosophie. Que si, au contraire, par le fait d'une
politique ou chimérique ou pas assez observatrice,
un désaccord général arrive à régner entre les
opinions, c'est-à-dire, au fond, entre les caractères et les conditions, si l'inquiétude publique
assure d'avance du crédit aux premiers plans
venus de réforme sociale ou morale et rend l'heure
propice aux prophètes, aux détenteurs de vérité
absolue, dans ce cas l'état de désintéressement
nécessaire pour la création de la beauté et pour

un usage épicurien de la pensée ne se réalisera
qu'à grand'peine. Les hommes les plus ingénieux,
les plus nettement marqués pour une vocation
de luxe, resteront sans emploi. Idéalistes peut-
être, mais idéalistes avisés, — faut-il dire ironiques?
— les Grecs trouvaient à un ordre politique fondé
sur la hiéarchie naturelle des hommes ce double
avantage de procurer le bien-être général et de
permettre à une élite les plaisirs de la contemplation.

Cette doctrine est assurément aristocratique,
mais non pas au sens féroce ou dédaigneux. Une
politique aussi soucieuse de ne demander à chaque
citoyen qu'une activité en harmonie avec son
naturel et, par une évidente conséquence, de lui
assurer la conservation d'un naturel en harmonie
avec le genre d'activité dont il est capable, une
telle politique mérite le nom d'humaine et de bien-
veillante. Elle semble autrement apte à procurer
la plus grande somme possible de bonheur public
qu'un système de gouvernement qui prétendrait
appliquer à la conduite des hommes quelque
conception idéale et conjecturale de l'humanité.
Sans doute, elle sanctionne des privilèges ; ou
plutôt elle définit des compétences, pareillement
nécessaires, bien qu'inégalement précieuses. Mais
où prend-on que des privilèges ne soient que des
plaisirs et non des charges ? C'est une désignation
fort onéreuse que celle qui nous distingue publi-
quement, légalement, comme des être mieux nés

que d'autres, c'est-à-dire comme les maîtres de
la générosité, de la magnanimité, de la bravoure,
de la hauteur de cœur, de la maîtrise de soi-même,
des belles façons. Mais la vérité est que, dans
cette République, dont rêvaient les penseurs
grecs et qui n'était utopique peut-être que pour
ne pas tenir assez compte de l'utopie, de l'élément
démagogique et visionnaire, tout était magistère
et privilège. A chaque spécialité de fonctions
correspondait psychologiquement le monopole de
certaines vertus. Chaque classe sociale se distin-
guait par des traits non seulement matériels,
mais moraux, humains. Il faut bien dire ce qui
dans toute conception aristocratique et tradi-
tionnelle offense le plus les démocrates modernes :
ce n'est pas précisément le principe de l'inégalité
politique, mais plutôt la franchise à reconnaître
le fondement de l'inégalité politique là où seulement il réside : dans les inégalités naturelles.

Ils voudraient que celles-ci fussent niées —
effrontément — et que la cité, impuissante sans
doute à faire passer tout le monde par les plus
hautes charges, proclamât tout au moins une
sorte d'égalité métaphysique, spirituelle, entre les
hommes, la pareille valeur de toutes les consciences,
de toutes les âmes. Obligés de renoncer pratique-
ment à la folie de leurs vœux puérils, ils admet-
traient à la rigueur que toutes les fonctions ne
fussent pas l'objet des mêmes honneurs, mais à
la condition que chacun fût admis au même titre

à se prononcer sur la religion et sur la morale.
Or, de toutes les prérogatives possibles, il n'en
est pas, justement, dont une répartition aveugle,
une concession indiscrète, menaçât l'Etat et la
civilisation de plus de dangers.

Plutôt prétendre tous les citoyens aptes de naissance à tailler dans le marbre un bel Apollon que
de les faire indistinctement libres juges du juste
et de l'injuste, du bien et du mal, du fondement
des mœurs, des origines de l'autorité et de la
mission de la patrie. Souveraines questions réser-
vées à moins de personnes encore que la sculpture
et la musique, objet d'une plus précieuse espèce
de compétence !

Un Etat où il n'y aurait que des premiers
ministres serait moins exposé à la dissolution et
à l'anarchie qu'un Etat dont tous les membres
seraient augures ou pythonisses, interprètes des
dieux. Car les dieux ont toujours ressemblé singu-
lièrement aux âmes qui parlent sous leur inspiration. Et il n'est pas vrai que toutes les âmes soient
égales. Il ne l'est pas davantage qu'une société
organisée ait jamais pu se passer de dieux. Pas
de pouvoir public qui n'ait tiré de quelque divinité
son principal moyen de prestige et de gouvernement : divinités de marbre et d'or, divinités
de bois... ou divinités de mots.

Mais l'existence d'une hiérarchie sociale ne se
justifie pas seulement par l'intérêt politique et

l'intérêt matériel de la nation considérée comme
un tout. Elle est nécessaire à la santé et à la beauté
de l'espèce humaine. Elle profite à la dignité des
individus de tout rang, je dis : du peuple non
moins que de l'aristocratie. Le régime de la distinction des classes peut seul faire atteindre à la
généralité des citoyens leur maximum de valeur
morale et d'intelligence. Celui de l'égalité universelle les mène au dévergondage. En obligeant
toujours le premier venu à manifester des opinions
sur les intérêts les plus généraux de la civilisation
et de l'Etat, il lui fait une loi de la sottise. Quoi
de plus ruineux pour nous-mêmes que des devoirs
ou des prétentions supérieurs à la sphère de
compétence visiblement circonscrite par notre
naturel ? Cette immodestie nous rend nuisibles à
l'ordre public, comme sont tous les mal assurés,
tous les agités. Mais surtout elle nous défigure ;
elle dépense en creuses paroles, en gestes impuissants et mal ordonnés, une activité qui, concentrée
sur des objets adéquats, eût enfanté quelque
chose. Troubler tous les hommes avec des soucis
qui ne laissent de sang-froid que des têtes excep-
tionnellement averties ! Le dogme fondamental de
l'égalitarisme, c'est que si tous n'ont pas la science,
tous ont l'inspiration. Verrons-nous jamais la
réalisation de ce sombre rêve : les ouvriers de
Paris penchant sur leur verre de vin des visages
assombris par quelque folle espérance millénaire !
Mais quand même le rôle d'hiérophantes, de révé-

lateurs du droit et de la justice, des origines et des
fins dernières, resterait en fait réservé à quelques
docteurs professionnels, manieurs de mots, la farce
ajoutée à l'histoire par le triomphe du dogme égali-
taire n'en serait pas moins scandaleuse, car la
foule s'assemblerait autour des prophètes, en qui
elle se reconnaîtrait ; c'est d'elle qu'ils tireraient
leur autorité. Or ce qui importe pour la qualité
des produits de la « conscience » humaine, c'est de
savoir s'ils seront jugés d'en haut ou d'en bas.
Otez au peuple les clartés sûres et apaisantes que
les traditions, l'antique religion du pays lui fournissent sur l'ordre social et ses fondements, et
persuadez-le que l'esprit de vérité souffle en lui
comme le vent dans les forêts vierges, vous le
vouez aux visions, au délire. Quels seront alors
ses maîtres ? Ceux qui lui offriront son image
enorgueillie, des âmes sans mesure qui, sentant
comme ces masses égarées, mais avec une impudeur, une fièvre extraordinaires, avec une horrible
naïveté, moralement débraillées jusqu'à l'inno-
cence et jusqu'au génie, lui parleront la voix de
Dieu. Ainsi libéré, le peuple s'appelle plèbe.

Les Grecs avaient horreur d'une plèbe. Mais ils
ne voulaient pas un peuple de fellahs. Ils pensaient
à des forgerons sains et de forte humeur, parleurs,
libres entre eux, respectables par leur maîtrise et
leur marteau, remplis de proverbes et de malice,
sûrs de leurs opinions morales et se sachant seuls
juges de la conduite des filles et des femmes de

leur état. Du moins, ces traits peignent-ils assez
l'idée d'un Français de bonne race qui a beaucoup
de bienveillance à mettre d'accord avec sa raison
politique. Il n'importe que dans cet aperçu de la
belle cité grecque nous nous soyons soucié d'autre
chose que d'exactitude textuelle et ayons enrichi
de quelques finesses psychologiques la construction
aérée d'Aristote. Nous montrons ici que la hiérarchie des classes est une condition nécessaire de la
sagesse du peuple, non pas seulement de celle qui
tranquillise, pour un temps au moins, le pouvoir
central, mais de celle-là plus encore dont le peuple
lui-même jouit et peut tirer fierté. Il faut voir
dans les dialogues de Platon avec quel sérieux ces
jeunes gens délimitent le domaine du potier et
du corroyeur et l'y déclarent maître. « Qui est
bon estimateur d'un vase ? demandent-ils. — Le
potier habile. — Et de la chorégraphie ? — Le
maître à danser. — Qui est bon interprète des
dieux ? — Les prêtres et les augures ? — A qui
donc, ô mon fils, dirons-nous qu'il appartienne de
juger des mœurs, de la religion et de l'ordre de
la cité ? — Aux meilleurs, ô Socrate (οἱ ἄριστοι),
aux véridiques (οἱ ἀληθέοι), aux hommes bien nés
qui ont l'âme belle (καλοκαγαθοί). Ainsi leur parole
concise sculpte en passant de belles et solides
figures de maîtres artisans. Des foules d'hommes
de peu de saillie individuelle se trouvent parés
de dignité, leur impersonnalité même devient
une sorte de grandeur.

TABLE

58797-6-23. — Imp. Villain et Bar, Paris (France).

www.ingramcontent.com/pod-product-compliance
Lightning Source LLC
Chambersburg PA
CBHW050004100426
42739CB00011B/2501